FILOSOFIA EM **60** SEGUNDOS

FILOSOFIA EM **60** SEGUNDOS

EXPANDA SUA MENTE COM UM MINUTO POR DIA!

ANDREW PESSIN

TRADUÇÃO
MARCELO BARBÃO

2ª reimpressão

LeYa

Título original: *The-60 second philosopher. Expand your mind on a minute or so a day!*

Diretor editorial: Pascoal Soto
Editora: Mariana Rolier
Produção editorial: Sonnini Ruiz
Assistente editorial: Carolina Pereira da Rocha

Preparação de texto: Jean Xavier
Revisão: Paulo Cesar Veiga, Margô Negro e Patrícia de Almeida Murari
Diagramação: Paulo Cesar Veiga
Capa: Gabinete de Artes/Axel Sande

Dados Internacionais de Catalogação na Publicação (CIP)
(Câmara Brasileira do Livro, SP, Brasil)

Pessin, Andrew
Filosofia em 60 segundos : expanda sua mente com um minuto por dia! / Andrew Pessin ; tradução Marcelo Barbão. -- São Paulo : Leya, 2012.
Título original: The 60-second philosopher : expand your mind on a minute or so a day!

ISBN: 978-85-8044-453-7

1. Filosofia I. Título.

12-03876 CDD-100

Índices para catálogo sistemático:
1. Filosofia 100

Texto Editores Ltda.
Uma editora do Grupo LeYa
Rua Desembargador Paulo Passaláqua, 86
01248-010 – Pacaembu – São Paulo - SP
www.leya.com

G

SOBRE O AUTOR

Andrew Pessin é professor titular de filosofia do Connecticut College e autor de *The God Question: What famous thinkers from Plato to Dawkins have said about the divine*. Ele foi apresentado diversas vezes no *The David Letterman Show* como "O Gênio".

Alguns filósofos acreditam que há
uma razão para tudo.
Este livro é dedicado às minhas três
razões para tudo: ERP, NRP e GR.

SUMÁRIO

■ INTRODUÇÃO

Este livro é dedicado ao filósofo que há em você.

Você pode nem saber que tem um, pode nem achar que *quer* ter um, mas posso garantir que ele (ou ela) não só existe, mas também, depois que você deixar que apareça um pouco, vai ficar feliz por ter feito isso, porque a filosofia pode levá-lo a alguns lugares fantásticos sem você precisar sair da sua poltrona ou do assento no metrô às 7h15 da manhã; e pode mostrar algumas coisas extraordinárias, mesmo que você não procure muito. Na verdade, ela pode mostrar que os lugares aonde você vai e as coisas que vê todos os dias são bastante incríveis, ou seja, a filosofia pode aguçar sua apreciação do mundo – e da sua mente – ao mesmo tempo.

E, melhor de tudo, pode fazer isso ocupando um minuto (mais ou menos) do seu dia.

É verdade, alguns pensadores realmente inteligentes estiveram debatendo questões filosóficas durante quase três milênios, e o trabalho continua de maneira febril nesse momento. Mas poucas pessoas hoje em dia têm tempo para se debruçar sobre esses três mil anos de escritos filosóficos – sem mencionar o domínio do grego, do latim, do hebreu, do francês e do alemão, talvez até um pouco de urdu, necessários para enfrentar os originais.

Este livro foi escrito para você não ter de fazer tudo isso.

Nestes capítulos concisos, espero que você consiga visualizar alguns desses locais incríveis e que mostre algumas dessas coisas maravilhosas – fazendo com que pense "fora da caixa", "dentro da caixa" e até sobre toda a ideia de "caixas".

Claro que a primeira decisão a tomar, ao pensar no livro, foi exatamente o que incluir no texto. Bem, quando você pergunta isso a dois filósofos (eles mesmos reconhecem), acaba recebendo pelo menos três opiniões. Então, procurando conselhos para escrever este livro, perguntei a dezessete filósofos e recebi, como era de esperar, umas vinte e cinco e meia opiniões diferentes.* Felizmente, todos entraram em conflito uns com os outros, de muitas maneiras, e eu pude ignorar tudo o que disseram. Em vez disso, perguntei ao filósofo dentro de mim o que *ele* achava, e o resultado foram as 60 opiniões que aparecem neste livro. Claro, elas também entram em conflito umas com as outras, de muitas maneiras; então eu perguntei a ele se isso seria algo com o que eu deveria me preocupar. Não foi uma surpresa quando respondeu: "Bem, sim e não".

---

*Meu muito obrigado a Gabriella Rothman, Andrew Postman, Ed McManus, Mairav Rothstein, Barbara Clas, Emma Matthieson, Kerey McKenna, Adam Weber, Jeff Nemec, Sarah Wilson, Joaquin Espinoza, Will Henrich, Ian Barnes, Casey Johnson, Shelly Alminas, Meekah Rothman e, em especial, a meu editor na Oneworld, Mike Harpley.

É assim que as coisas funcionam no mundo da filosofia.

Pois o conflito de opiniões *é* algo preocupante quando você precisa decidir algo importante, uma vez que, naquele momento, todo o conflito deve estar resolvido. Mas até aquele momento você vai descobrir que há ótimos argumentos para uma resposta, mas também existem outros ótimos argumentos para uma resposta oposta. Uma ideia em especial pode parecer muito boa até que, de repente, você encontra uma objeção a ela; mas aí você poderia quase imediatamente pensar em uma forma de responder a essa objeção. A reflexão filosófica é assim: nada estática e fixa, mas contínua e dinâmica. O conflito de opiniões *não é* só algo com que se preocupar, mas, na verdade, é precisamente como as coisas deveriam ser, porque só depois de ter considerado uma questão em particular, de todos os lados, é que você poderá tomar uma decisão precisa sobre o que pensa.

Este livro vai mostrar muitos lados, de muitas coisas, para você pensar a respeito.

Você encontrará uma boa amostra de grandes questões, problemas, assuntos e ideias que mantiveram os filósofos ocupados, em alguns casos, por quase três milênios. Os ensaios cobrem uma grande variedade de tópicos, da mente ao corpo, do espaço e do tempo à causação e ao livre-arbítrio, do conhecimento e da razão ao ceticismo e ao bom-senso, da moral absoluta à moral relativa e à completa rejeição de moralidade, de Deus ao não reconhecimento da divindade, e muito mais. Apesar de estarem relacionados uns com os outros de várias maneiras e às vezes até se referenciarem, os textos também são bastante autossuficientes e podem ser lidos individualmente, em qualquer ordem. O mais importante é que os pensamentos são mostrados do modo como se apresentam ao filósofo que está pensando sobre eles: de uma maneira pessoal, em *primeira* pessoa, como um desafio, um paradoxo ou um problema que exige resolução por mais que resista a isso. Então, não é nenhuma surpresa, na verdade, que você, em geral, descobrirá argumentos que o levarão a lados opostos do assunto em questão, já que é assim que pensamos naturalmente.

Mais uma vez, só depois de considerar todos os lados você será capaz de posicionar-se e escolher um deles – quando chegar a hora de se decidir.

E, infelizmente, o filósofo dentro de mim não pode tomar essa decisão por você, pois o papel dele, conforme me diz, é somente despertar o filósofo dentro de *você* e fazer que comece a pensar –, e não dizer o que deve pensar.

Essa é a tarefa do *seu* filósofo.

1

O filósofo dentro de você

Existe a lenda do peixe que nadava por aí fazendo a seguinte pergunta a toda criatura do mar que encontrava: "Onde fica o grande oceano de que tanto falam?". Uma pequena lenda, claro – mas com grande mensagem.

Somos parecidos com esse peixe.

Para começar, é difícil olhar um recém-nascido sem pensar: que milagre incrível! Mas quando foi a última vez que você olhou para um adulto e pensou o mesmo? E por que não? Todo adulto *foi* um bebê; se esse é um milagre, então podemos falar o mesmo do outro. Mas nunca nos ocorreu pensar dessa maneira por uma simples razão: estamos tão acostumados a ver pessoas que paramos de refletir sobre elas.

Ou quando você derruba alguma coisa, por exemplo, uma colher, e ela cai no chão. Mas por quê? Não poderia, em tese, ficar flutuando no ar ou subir? E *como* exatamente ela cai no chão, pela "gravidade"? Não existem fios conectando a Terra com a colher, então como a Terra pode puxar algo a distância, algo com o qual não está nem ligada? Por que não fazemos uma pausa sempre que algo cai e falamos: que incrível milagre!

As coisas mais comuns contêm muitas perguntas, o problema é nos lembrarmos de perguntá-las.

As crianças sabem como fazer essas perguntas, e qualquer resposta que você der para um de seus "porquês" acaba gerando outra pergunta. Mas já fomos crianças, portanto o que precisamos fazer agora é deixar que a criança que ainda existe dentro de nós – o filósofo dentro de nós – ressurja. O que precisamos são poucos segundos fora dos nossos hábitos conceituais comuns. Precisamos dar um mergulho gelado no grande oceano profundo do pensamento.

Está na hora de começar a pensar.

Capítulo relacionado: 60

2

A passagem do tempo

Nada é mais familiar do que a passagem do tempo. “Aproveite seu dia!”, dizem, pois “o que está aqui hoje vai acabar amanhã”. Apesar de realmente *parecer* para nós que o tempo se move para a frente, não está claro como isso acontece, porque o tempo não é um objeto físico ou uma coisa: ele não existe primeiro em um lugar, depois em outro. Mas, então, em que sentido, exatamente, ele se move?

Na verdade, se estivesse realmente se movendo, poderíamos ter a capacidade de dizer a que velocidade. Você pode pensar que os relógios medem esse ritmo, mas não é bem assim.

O que o relógio mede, na verdade, não é o tempo, mas como algumas coisas físicas estão correlacionadas com outras coisas físicas. Você olha para o relógio e vê que ele marca 13h13, depois olha novamente e vê 13h15. Essas duas olhadas estão correlacionadas com as duas leituras, aparentemente medindo dois minutos de tempo. Mas agora, imagine que entre essas duas olhadas tudo no Universo acelerou ao mesmo tempo, incluindo sua atividade cerebral, seus pensamentos e suas sensações, além dos mecanismos do relógio. Essas duas olhadas ainda estariam correlacionadas com as duas leituras, mas menos de dois minutos teriam se passado – e você nunca notaria a diferença. Então, o relógio não estaria medindo realmente o tempo!

Se quisermos na verdade imaginar o tempo se movendo, diferente de todas as coisas físicas, devemos imaginar o universo inteiramente vazio de todas as coisas físicas e nos perguntar se o tempo ainda fluiria. Novamente, é tentador responder que sim, mas lembre-se, então, que é um universo *vazio*, ou seja, não há nada nele. Mas se realmente não há nada, então nada pode estar acontecendo, nada pode estar ocorrendo e nada pode se mover.

"O tempo voa", dizem, "quando estamos nos divertindo". Sou a favor de diversão, mas divertir-se não pode fazer que o tempo passe mais rápido, se o tempo não está passando de jeito algum.

Capítulo relacionado: 40

3

A mulher dos meus sonhos

Todos conhecemos a experiência: estamos tendo um sonho delicioso e lindo, interrompido repentinamente e de maneira rude pelo alarme. Acordamos e começa nosso dia.

É mesmo?

Você pode ter certeza de que não está sonhando exatamente agora, que não esteve sonhando toda sua vida? Essa não é meramente uma pergunta do filósofo dorminhoco, porque, se você não tem certeza de que não está sonhando, então como pode ter certeza de que *qualquer coisa* na qual acredita em relação ao mundo é verdade?

Poderia dar um beliscão em si mesmo? Bem, poderia, mas então como você saberia que não está sonhando sobre o beliscão e depois estaria fazendo a transição para um sonho diferente?

Uma vez eu decidi fazer um diário de meus sonhos. Rapidamente descobri que só conseguia me lembrar dos sonhos que tive pouco antes de acordar, aí comecei a acordar durante a noite para registrá-los. Algumas noites desse sono interrompido e eu estava exausto!

Então meu corpo (ou minha mente) decidiu me enganar: acordei uma manhã e descobri que meu caderno estava, na verdade, vazio. Eu tinha *sonhado* que havia acordado para anotar meus sonhos!

Nesse ponto, percebi que havia sido derrotado, mas também sabia que tinha um problema mais sério. Tenho certeza absoluta, 100%, de que estou acordado escrevendo isso. Também tenho certeza absoluta, 100%, de que tenho uma esposa, um corpo físico e de que os outros objetos físicos existem, porque consigo perceber todas essas coisas. No entanto, também estava completamente seguro durante minha fracassada experiência de que estava acordado e anotando os sonhos, e olhe até aonde isso me levou.

Pode ser, então, que quase tudo em que acredito sobre o mundo seja falso? Que até minha adorável esposa é, literalmente, apenas a mulher dos meus sonhos?

Capítulos relacionados: 30, 42, 52, 56

4

Minha mente está em outro lugar

Não dá para negar que sua mente existe. Afinal, o próprio ato de negar exige a capacidade de formar pensamentos, o que parece ser uma capacidade *mental* – então, negar que você tem uma mente acabaria provando que você tem uma! O que não está claro, no entanto, é o que *significa* ter uma mente. Sabemos que temos cérebros, que são objetos puramente físicos, mas a pergunta é se nossas mentes são nossos cérebros. E as diferenças importantes entre o mental e o físico sugerem que não são.

Por exemplo, as coisas físicas normais possuem propriedades espaciais, ou seja, elas ocupam espaço, possuem tamanho, forma, localização etc., mas a mente não parece ser espacial. Não faz sentido perguntar o "tamanho" do pensamento, ou qual a forma da sua consciência, nem faz sentido perguntar *onde* um pensamento ou percepção poderia ser localizado. Se você conseguisse diminuir de tamanho e entrasse em um cérebro, tudo o que veria seriam muitas moléculas movendo-se em grande velocidade. Você nunca encontraria um "pensamento" ou "percepção" – já que não estão localizados em lugar algum do cérebro.

As mentes também possuem uma característica única: seus donos têm um acesso especial a elas. Dá para saber diretamente o que você está pensando, de uma maneira que mais ninguém pode saber o que você está pensando, e nenhum outro objeto físico possui tal característica. Como todos os objetos físicos existem no espaço, todos nós temos acesso igual a eles, até aos cérebros de cada um. Na verdade, os médicos possuem ainda maior acesso ao que está acontecendo no seu cérebro do que você por meio de imagens e sons! Mas apenas olhar o seu cérebro nunca vai permitir que eles sintam o que você está sentindo, uma vez que, diferentemente do seu corpo e do seu cérebro, isso pertence somente a você.

Não está claro ainda o que é a mente, mas é certo que a única coisa que está de fato na cabeça é o cérebro, e que a mente, nos sentidos mais profundos, está em outro lugar.

CAPÍTULOS RELACIONADOS: 9, 13, 16, 19, 22, 24, 30, 31, 42, 48, 52, 55, 56, 57

5

Faça a coisa certa

Se soubéssemos qual é, ou, em vez disso, se soubéssemos como saber qual é.

Considere uma ação como a de alimentar uma criança faminta. Todos concordam que é uma coisa moralmente boa, mas se agora você testemunha alguém fazendo isso, o que veria? Veria a pessoa alimentando e a criança satisfeita; veria a comida, ela mastigando e engolindo, talvez até a visse sorrir. Mas existe uma coisa que não veria: a verdadeira bondade da ação. "Bondade" não é o tipo de propriedade literalmente visível.

Nossos olhos só veem luz e cor, afinal, mas o bom e o mau, o certo e o errado não são equivalentes a luz ou cor, então, é claro que nossos olhos não podem ver. E, mais importante, o que nossos olhos veem, na melhor das hipóteses, é como as coisas são em um dado momento, mas as propriedades morais têm a ver como as coisas *deveriam* ser. Dizer que alimentar uma criança faminta é bom equivale a dizer que alguém *deveria* fazer isso, e nossos olhos simplesmente não estão equipados para ver esse tipo de coisa.

É fácil deixar passar isso, já que chegamos a nossos julgamentos morais de forma muito rápida. Se você presenciar um assassinato, ficará imediatamente consciente do erro cometido e não perceberá que esse equívoco não é algo que você realmente possa ver. Mas agora você pode pensar: se você não sabe se uma ação é certa ou errada pelos sentidos, então *como* sabe?

Você pode estar bastante confiante de que sabe quais ações são certas e erradas. Alimentar uma criança faminta; ser doce; não roubar *donuts*. Pode até estar confiante em suas crenças morais sobre assuntos mais controversos, mas, a menos que possa dizer um pouco mais sobre *como* você sabe o que é certo e o que é errado, não deveria estar tão confiante sobre as coisas em que se sente tão confiante.

Capítulos relacionados: 12, 20, 23, 26, 29, 39, 45, 49, 54, 57, 58, 59

6

Colocando em palavras o que acontece na ausência delas

A linguagem é tão importante quanto é misteriosa para os seres humanos.

Você faz alguns sons e as pessoas de alguma maneira respondem apropriadamente, mas, claro, somente certos sons, digamos, os significativos, como palavras. E só algumas pessoas, aquelas que entendem seu idioma, por exemplo, compreendem o sentido das suas palavras. Então, se queremos entender a linguagem, devemos saber mais sobre o que é "significado".

O primeiro resultado surpreendente é que o significado é abstrato, o que significa que não é uma coisa física e não existe em nenhum lugar no espaço. Alguém acabou de falar, por exemplo, a palavra "cachorro". A palavra em si é um objeto físico, um som, algumas moléculas vibradas pelo ar. Um físico poderia descobrir algumas propriedades físicas daquele objeto, tais como sua localização, seu movimento, sua frequência etc., mas seu *significado* não poderia ser encontrado entre essas propriedades. Ou seja, o som pode *expressar* um significado, mas ele não pode ser encontrado, literalmente, com ou dentro do som.

Da mesma maneira, a razão pela qual você pode não entender chinês *não* é por seus ouvidos não estarem trabalhando de forma apropriada. Em vez disso, é porque os ouvidos só podem detectar objetos físicos, como sons, e significados não são objetos físicos. Você poderia ter os melhores ouvidos e mesmo assim não entenderia nada quando alguém falasse chinês com você.

Mas há outro resultado surpreendente.

Considere estas duas sentenças: "Está chovendo" e "*Il pleut*". Essas sentenças têm o mesmo significado, se você sabe francês. Mas agora podemos dizer em qual idioma está o *significado*? Não está no português, porque a sentença em francês não teria significado; nem vice-versa. Então, o significado em si *não está em nenhum idioma.*

Compreender uma língua, dessa maneira, exige que nos apoiemos em coisas que não são detectáveis por nossos sentidos e que são independentes da linguagem.

É algo bom, mais fácil de dizer do que de fazer!

Capítulos relacionados: 15, 25, 35, 47, 55

7

As probabilidades de Deus

Você está jogando pôquer com seus amigos e um deles, o Fred, tira Ás, Rei, Dama, Valete e Dez de espadas – um *Royal Flush*, a mão mais alta do jogo – cujas chances são de 650 mil para 1. Como esse Fred é sortudo! Na próxima rodada, ele tira as mesmas cinco cartas. Certo, isso é pouco comum, mas vocês se conhecem desde a infância. Mas aí ele tira de novo, e depois mais uma vez. Certo, vocês foram padrinhos um do outro em seus casamentos, mas isso não evita seus sentimentos homicidas. Quando ele tira as mesmas cartas novamente, você vai atrás de uma arma.

Quando algo incrivelmente improvável ocorre, é muito difícil acreditar que é por acaso. Fred está roubando, é óbvio. Ele vai jurar que não está, mas é quase impossível acreditar.

Mas vamos pensar. Há algumas propriedades físicas básicas do Universo, como a carga dos elétrons, a força precisa da gravidade, a velocidade da luz etc., e cada uma poderia ter um número infinito de valores. A gravidade (por exemplo) poderia ser um pouco mais forte, muito mais forte, ou um pouco mais fraca. Se alguma dessas propriedades fosse mesmo *só um pouco* diferente, então nosso Universo poderia não ter existido – com seus planetas, estrelas, vida e nós, seres conscientes, racionais e morais. As chances contra todas essas propriedades terem ao mesmo tempo o valor necessário preciso para esse Universo existir são literalmente astronômicas.

Mesmo assim, aqui estamos.

Se você pegou seu revólver quando Fred tirou seu quinto *Royal Flush*, talvez devesse pegá-lo agora também, porque, quando algo incrivelmente improvável ocorre, é muito difícil acreditar que possa ocorrer por acaso. E não há nada tão incrivelmente improvável como o próprio Universo, entre todos os possíveis universos que poderiam ter existido.

Haveria obviamente só um ser capaz de embaralhar essas cartas.

Se é provável que Fred esteja roubando, então é mais do que provável que Deus exista e seja responsável por este Universo.

Capítulos relacionados: 17, 26, 36, 43, 57, 59

8

Tudo que existe

Se vamos pensar nas coisas, então precisamos pensar sobre quais coisas existem para serem pensadas. Sendo assim, tentaremos fazer uma lista de tudo que existe – começando com as perguntas que surgem imediatamente quando começamos a construir a tal lista.

Vamos começar de forma simples, com algumas coisas físicas comuns. Você pode, por exemplo, querer listar árvores, mas há muitos tipos diferentes de árvores. Basta apenas listar "árvores" e deixar de fora todas as diferenças, deixar de fora algo tão crucial da lista? Por um lado, não, porque "árvores" cobre todas as árvores, mas, por outro, a existência de diferentes tipos de árvores é um fato significativo sobre o mundo, algo que parece necessário para que nossa lista seja total, como deveria ser uma lista de "tudo"! E as florestas? Seria redundante listá-las depois que já listamos as árvores? Por um lado, novamente, um mundo com árvores isoladas é diferente de outro em que estão unidas em florestas, mas, por outro, o que coloca uma floresta acima de suas árvores? Não seria redundante listar as árvores *e* as florestas? Mas, pelo mesmo raciocínio, o que coloca uma árvore acima de seus átomos? Talvez devêssemos listar apenas as partículas básicas que os físicos dizem compor o mundo, ou talvez só "matéria". Ou, novamente, deixar de fora da lista de *tudo* as diferentes coleções de matéria nos objetos seria transformá-la em algo incompleto?

E o que exatamente é um objeto? Em geral, falamos sobre um objeto listando suas propriedades. Falamos que uma maçã é redonda e vermelha, então, deveríamos dizer que a maçã, o objeto, é, de algum modo, diferente dessas propriedades, uma vez que "ele" possui "elas"? E se for assim, a maçã merece uma linha separada na nossa lista por causa de suas propriedades redonda e vermelha? Porém, o que é a maçã quando tiramos essas propriedades?

Nossa lista de tudo, infelizmente, não inclui a si mesma.

Capítulos relacionados: 22, 28, 31, 32, 40, 41, 50, 51, 52

9

Cores verdadeiras

Sou alguém que não sabe se vestir – mas esse problema não é *completamente* culpa minha. A camisa e o suéter que escolhi hoje, na verdade, combinavam perfeitamente em meu guarda-roupa, mas na frente dos meus alunos eles repentinamente passaram a não combinar mais. Eu podia resolver o problema prático mantendo minha classe em meu guarda-roupa. Mas isso não resolveria o problema filosófico.

De que cor é essa camisa no meu guarda-roupa, então? Vou dizer que é azul. Ainda chamo de azul ao ar livre e ao meio-dia de um ensolarado dia de primavera em Nova York, apesar de parecer aqui uma cor um pouco diferente. E ainda chamo de azul sob as luzes fluorescentes da minha sala de aula, apesar de que agora não se parece nada com o suéter que combinava com sua cor no meu guarda-roupa. Mas usar a mesma palavra não mascara o fato de que essa camisa continua mudando de cor.

Muda mesmo? Nada em relação à camisa mudou, então, como pode ter mudado de cor quando *o objeto* nada mudou?

Talvez eu devesse apenas dizer que *parecem* cores diferentes para mim, mas agora, se ela parece mudar de cor quando realmente não mudou, então algumas das minhas percepções devem estar erradas. Mas quais? Talvez meu guarda-roupa mal iluminado não seja o contexto para uma visualização "verdadeira", mas não é óbvio que a luz do Sol natural seja melhor. Afinal, o Sol ao meio-dia na primavera em Nova York produz uma coloração bem diferente do Sol no final de uma tarde de inverno em Londres, logo, qual luz do Sol é a "verdadeira"? E por que não dizer que a luz fluorescente *melhora* a luz solar e que *isso* nos permite ver a verdadeira cor?

Talvez devêssemos eliminar a ideia de que objetos físicos têm uma "verdadeira" cor, pois, dessa maneira, não precisaremos decidir qual luz nos dá a verdadeira cor, porque nenhuma existe. Em vez disso, podemos dizer que objetos possuem toda cor que parecem ter, em seus diferentes contextos. Portanto, minha camisa não tem *uma* cor verdadeira – só *cores* verdadeiras.

Agora todo mundo saindo desse guarda-roupa.

Capítulos relacionados: 4, 16, 30, 42, 52

10

NÃO EXISTE CAMINHO QUE JÁ NÃO TENHA SIDO TRILHADO

Toda escolha que faço parece apresentar duas opções: a que eu escolho e a que instantaneamente me arrependo de não ter tomado. Eu sempre acabo querendo uma "segunda chance", como se pudesse voltar no tempo e fazer outra escolha, mas claro que não dá para fazer isso. Mesmo se você pudesse voltar no tempo, não poderia fazer outra escolha.

O que explica as escolhas que tomamos? Bem, muitas coisas. Às vezes, temos palpites e instintos. Temos características complicadas, como nossa personalidade e nosso caráter, e muitas das nossas escolhas são fruto de nossas crenças particulares, desejos ou valores. E são as leis da natureza. Somos pelo menos criaturas físicas, e nossos corpos e cérebros operam de acordo com essas leis. E o que *nós* fazemos tem a ver com o que nossos cérebros mandam que façamos.

Mas nós controlamos essas coisas?

Certamente não nossos palpites; eles simplesmente surgem. Com certeza tampouco nossa personalidade, pois, se pessoas chamadas *nerds* pudessem, não seriam legais, assim como nós? Conseguimos controlar em que acreditamos? Tente acreditar que há um elefante bem na sua frente. Não dá. Seus valores? Tente mudar sua opinião sobre algum assunto moral controverso. Não consegue. E certamente não controlamos as leis da natureza que controlam nossos cérebros.

Não controlamos *nenhum* dos fatores que controlam nosso comportamento.

Ao viver, parece que temos verdadeiras opções à nossa frente; que a estrada se divide em vários caminhos e que depende de nós qual deles vamos tomar. Mas isso é uma ilusão. Não existem vários caminhos. O que você "escolhe" está inteiramente determinado por todos esses fatores que não estão sob seu controle. Na verdade, só existe uma única estrada à frente, cheia de curvas e declives, e você simplesmente não tem nenhuma escolha, a não ser segui-la.

Capítulos relacionados: 23, 34, 43, 53

11

Só sei é que nada sei

Não existem palavras mais falsas. Mas não porque Sócrates – o famoso enunciador delas – sabia muito, mas porque é duvidoso que ele *soubesse* que não sabia nada. Para saber *isso* seria necessária uma compreensão do que é o conhecimento, para ter certeza de que ele estava em falta. E isso é algo que ainda parecemos não ter.

Às vezes o que sabemos são fatos ou sentenças: Fred sabe que ocorreu uma Revolução Francesa. Outras vezes é mais como uma habilidade: Frederique sabe como amarrar os sapatos. Outras vezes é mais como uma experiência: você não sabe qual é o gosto do *sushi* até prová-lo. Mas existe algo que tudo isso compartilhe, já que todos os exemplos contam como exemplos de "saber"?

Alguém poderia sugerir que ter uma habilidade ou saber qual é o gosto do *sushi* está ligado a conhecer uma série de fatos ou sentenças. Mas é quase impossível expressar a maioria das habilidades em sentenças. Quando você ensina seu filho a amarrar seus sapatos, inevitavelmente faz isso por meio da *demonstração*, precisamente porque não tem as palavras. Uma vez tive um professor de piano que tocava *jazz* e que me explicou como improvisar: "Há doze tons, cara. Você só precisa entrar neles". Não me espanta que eu tocasse tão mal.

E mesmo se pudéssemos expressar várias habilidades em sentenças, simplesmente "saber" as sentenças não nos daria a habilidade. Se desse, não haveria a necessidade de profissionais do golfe – você podia simplesmente ler um bom livro de golfe e conseguiria vencer o Tiger Woods.

Nem as experiências se reduzem a conhecer sentenças, pois saber qual é o gosto do *sushi* não permite que você coloque isso em palavras, apesar dos críticos de gastronomia. Na verdade, mesmo os animais poderiam saber qual é o gosto, e eles não possuem capacidade de linguagem.

Então temos todas essas coisas diferentes e não há nada que tenham em comum para serem chamadas de "conhecer". Apesar de tudo que podemos achar que conhecemos, então simplesmente não sabemos exatamente o que significa dizer que conhecemos.

CAPÍTULOS RELACIONADOS: 14, 19, 27, 30, 33, 38, 44, 46, 56, 57

12

NÃO SE PREOCUPE, SEJA FELIZ – A MENOS QUE SE PREOCUPAR O DEIXE FELIZ

Há muita controvérsia moral, claro. Mas também há muito acordo moral. Faça uma rápida lista com algumas ações que você acredita ser absolutamente boas e outra com ações que você acredita ser más em termos morais, e peça a um amigo para fazer o mesmo. Você e seu amigo provavelmente encontraram muitas ações iguais nas duas listas. Na verdade, no geral, é fácil gerar listas com as quais a maioria das pessoas concordará.

O que é mais difícil é explicar por que isso é tão fácil.

As listas não podem ser arbitrárias. Deve existir algo que todas as boas ações têm em comum para ser *contadas* como boas e algo que todas as más ações têm em comum. Bom, aqui apresento uma ideia: o valor moral de uma ação é determinado por quanta felicidade essa ação produz. Ações moralmente boas maximizam essa felicidade, ao passo que as más não conseguem fazer isso.

Tratar a felicidade como um valor moral fundamental faz muito sentido. Suponhamos que você pergunte a seu amigo por que ele escolheu estudar em certa faculdade. Ele poderia dizer que foi porque aquela faculdade vai ajudá-lo a conseguir um bom emprego. E por que ele quer isso? Porque quer comprar uma bela casa e muitas outras coisas legais. E por que isso? No final, ele vai dizer que é porque isso o fará feliz. Se você então perguntar por que ele quer ser feliz, seu amigo vai achar que você está louco. É porque tudo o que queremos, queremos por causa da felicidade que nos traz; mas queremos a felicidade por si só.

A felicidade é algo fundamental que valorizamos.

Alguns podem objetar insistindo que a moral deve, no final, ser traçada até Deus, mas nossa teoria é perfeitamente feliz (podemos dizer) com isso, se você acredita em Deus. Porque é presumível que um Deus benevolente quisesse os seres humanos felizes, portanto qualquer moral que Deus fornecesse aumentaria a felicidade humana.

Se não fosse assim, então *isso* seria algo realmente preocupante.

Capítulos relacionados: 5, 20, 26, 39, 45, 54, 57

13

Bilhar mental

Nada é mais familiar do que a interação causal entre nossas mentes e nossos corpos. A luz viaja dessa página até seus olhos, sacode o seu cérebro físico e depois você cria uma percepção mental, quer dizer, a experiência visual desta página à sua frente. Ou você tem alguns pensamentos na sua mente sobre este livro – tal como "devo contar isso a meus amigos imediatamente!" – e depois seu braço físico começa a se aproximar do telefone.

Como isso é familiar; e como é misterioso.

Porque mentes e corpos parecem ser tipos bem diferentes de entidades. Por exemplo, coisas físicas (como nosso cérebro) têm propriedades espaciais, ao passo que as coisas mentais não. E como pode existir possíveis interações causais entre coisas espaciais e não espaciais?

Afinal, coisas físicas comuns exercem influência causal por contato ou colisão. Uma bola de bilhar em movimento colide com uma segunda e a coloca em movimento. Mas a mente, não sendo espacial por natureza, nunca poderia literalmente fazer contato ou colidir com qualquer coisa física. Então, como exatamente os eventos mentais causam os físicos e vice-versa? Como podem as sacudidas do cérebro causarem percepções e os pensamentos levarem os braços físicos a pegarem o telefone se literalmente nenhum fez contato com o outro?

Há outro problema. O cérebro é um objeto físico submetido a uma sequência de eventos físicos e, até onde a ciência sabe, as leis da física governam todas as atividades físicas, incluindo essas. Mas então a história da causalidade sobre por que o seu braço se move pode ser contada em termos de sacudidas cerebrais e contrações musculares. Sim, você quer contar a seus amigos sobre este livro e seu braço se move – mas o que faz com que seu braço se mova é uma sacudida do cérebro, não o seu desejo! Mas então o que sua mente, seus pensamentos, tem a ver com tudo isso? A mente parece incapaz de causar ou fazer *qualquer coisa* em um mundo que parece completamente explicável pela física.

Muito misterioso.

Bom, e aquelas ligações?

Capítulos relacionados: 4, 18, 37

14

A coisa racional a fazer é agir irracionalmente

Há duas caixas. Você pode escolher apenas a Caixa 2 ou as duas. A Caixa 1 contém 100 dólares, já a Caixa 2 contém ou zero ou um milhão de dólares, depende do que certo "Prognosticador" previu. Se ele previu que você vai querer só a Caixa 2, colocou um milhão dentro dela. Se previu que vai escolher as duas caixas, deixou a Caixa 2 vazia. O Prognosticador fez seu trabalho e saiu da sala. Um bilhão de pessoas já fizeram essa experiência antes de você e o Prognosticador previu corretamente todas as vezes.

Qual é a escolha racional que você deve fazer?

Bem, se ele previu *sua* escolha corretamente, se você escolher somente a Caixa 2, vai ter colocado um milhão nela, e se você escolher as duas caixas, a segunda estará vazia, ficando apenas com os 100 dólares da Caixa 1. Portanto, é racional que você pegue somente a Caixa 2.

Mas, por outro lado, no momento a Caixa 2 tem ou zero ou um milhão. Se for zero, é melhor pegar as duas caixas, porque pelo menos você ficará com os 100 dólares da Caixa 1; se tiver um milhão, novamente é melhor escolher as duas caixas, porque você vai conseguir um milhão *mais* 100 dólares. De qualquer maneira, é melhor escolher as duas caixas. Assim, a coisa mais racional a fazer parece ser escolher as duas caixas!

Então, qual escolher?

Apesar de ser inacreditavelmente improvável, com os números que ele apresenta, que o Prognosticador vai errar a sua escolha, na verdade não é *de todo* impossível. Mas o segundo argumento exaure todas as possibilidades lógicas. É literalmente impossível que esse raciocínio esteja errado, e quando você deve escolher entre o que é inacreditavelmente improvável de dar errado e o que é *impossível* de dar errado, deve escolher o último.

Então, escolhe as duas caixas. E pela bilionésima primeira vez consecutiva o Prognosticador prevê corretamente e deixou a Caixa 2 vazia. Você vai para casa com seus 100 dólares, tendo o único consolo de saber que, pelo menos, fez a coisa racional.

A menos que a coisa racional tivesse sido agir irracionalmente?

CAPÍTULOS RELACIONADOS: 11, 46

15

Uma rosa com outro nome não seria uma rosa

Há um enigma. Quantas pernas tem um cachorro se você chamar seu rabo de "perna"? Há pelo menos três respostas possíveis. Cinco: suas quatro pernas mais o rabo, agora chamado de "perna". Uma: se seu rabo for chamado de "perna", ele só tem um *desse tipo*. E quatro: chamar o rabo de "perna" não a transforma em uma. Qual é a melhor resposta? Bem, não importa. Sua resposta depende do que você quer dizer com a palavra "perna" e você é livre para anexar o significado que quiser, pelo menos para esse enigma.

Mas *o que* você quer dizer quando usa as palavras mais diretas na linguagem, ou seja, os nomes?

Às vezes nos referimos a uma coisa ao descrevê-la: "o homem que escreveu *Hamlet*". Às vezes nos referimos à mesma coisa pelo nome: "Shakespeare". A diferença é que o nome se refere à coisa sem, na verdade, descrevê-la de nenhuma maneira. Isso sugere uma resposta natural à nossa pergunta: nomes simplesmente significam as coisas às quais se referem.

Mas agora considere a frase "Papai-Noel não existe". Triste, eu sei, mas é verdade. E se nossa sentença é verdadeira, então o Papai-Noel não existe, em cujo caso o nome "Papai-Noel" não se refere a nenhuma coisa verdadeira. Mas, por meio da nossa teoria natural, o nome "Papai-Noel", agora se referindo a nada, não teria sentido, em cujo caso a frase original não teria sentido. E se a sentença não tem sentido, é difícil ver como poderia ser verdade – apesar de ser.

Então precisamos de uma teoria melhor.

O sentido de um nome, em outras palavras, deve ser algo *diferente* da coisa à qual se refere; então, "Papai-Noel" pode talvez ter sentido mesmo sem o cara gordo e feliz. Claro, é difícil dizer qual é o sentido de um nome se *não* for a coisa à qual ele se refere, mas pelo menos é claro que a teoria natural não consegue ficar com o rabo em pé.

Capítulos relacionados: 6, 25, 35, 47

16

Duas mãos num balde

Minha esposa e eu brigamos sempre por uma única coisa: o termostato. Eu o abaixo quando ela não está olhando e ela aumenta quando eu não estou olhando. Recentemente, decidi ir além. Quando ela não estava olhando, instalei uma trava especial no termostato. Quando eu não estava olhando, ela instalou uma nova trava na porta da frente. Muitas vezes termino dando a volta na casa com pouca roupa.

Se ela pelo menos acreditasse que a sala estivesse (digamos) a uns 50 graus negativos! Então, com um termômetro, eu poderia demonstrar, feliz, que ela estava errada. Mas, infelizmente, os dois concordam que está 21 graus. O que discordamos é *se 21 graus é quente ou frio.* E não está claro se um dos dois está errado sobre isso.

Imagine uma experiência. Enfie uma mão no *freezer* e a outra num forno. Depois enfie as duas num balde com água à temperatura ambiente. Qual seria sua experiência? Sem dúvida a mão do *freezer* sentiria uma sensação quente, ao passo que a mão do forno, sentiria uma fria. Mas agora: a água *em si* está quente ou fria?

Bom, não pode ser os dois. A mesma água não pode estar quente e fria ao mesmo tempo, já que essas são propriedades opostas, e também não temos nenhuma base para dizer que é uma ou outra. As duas mãos estão sentindo de maneira igualmente correta, afinal; seria inteiramente arbitrário decidir que uma é correta e a outra, não.

Em vez disso, deveríamos concluir que *não é nenhuma.* Quente e frio não são realmente propriedades da água, apesar de todas as aparências, mas, em vez disso, somente sensações na mente daquele que percebe. A água pode estar a 21 graus, mas essa temperatura em si não é nem quente nem fria. Só percebemos dessa forma, e cada percepção é igualmente legítima.

Então, agora, talvez minha esposa possa aumentar a temperatura um pouquinho?

Capítulos relacionados: 4, 9, 30, 42, 52

17

SERÁ QUE DEUS PODE FAZER UM BURRITO TÃO QUENTE QUE NEM ELE CONSEGUE COMER?

Até o personagem de desenho animado Homer Simpson (quem fez essa pergunta) tem um filósofo dentro de si. E apesar de não ser exatamente o paradigma da reverência, a pergunta é real para qualquer pessoa filosoficamente reverente, porque uma das primeiras propriedades que os crentes atribuem a Deus é que Ele é onipotente ou todo-poderoso, o que significa que não há nada ou não poderia haver nada que Deus não pudesse fazer. E é aqui que a pergunta de Homer se encaixa – ou pelo menos uma versão um pouco mais reverente dela:

Deus pode criar uma pedra tão pesada que nem Ele mesmo pode levantá-la?

Só existem duas possíveis respostas aqui: sim ou não.

Suponha, primeiro, que digamos não. Mas aí há algo que Deus não pode fazer: criar essa pedra. E se há algo que Ele não pode fazer, então Ele não é, afinal, onipotente.

Portanto, respondemos que sim. Se Deus pode criar uma pedra assim, então poderia existir uma pedra tão pesada que Ele não poderia levantar. Dessa maneira, haveria algo que Deus não pode fazer, que é levantar essa pedra, e se há algo que Deus não pode fazer mais uma vez, Ele não é onipotente, afinal.

Alguns tentam evitar essa conclusão insistindo que Deus simplesmente nunca faria essa pedra, então nunca existiria, na verdade, algo que Ele não pudesse fazer. Mas isso não funciona. Para ser onipotente, não é suficiente que *não exista* nada que Ele não pudesse fazer. Em vez disso, não poderia nem *possivelmente* existir algo que Ele não pudesse fazer. E se Ele pode criar essa pedra – mesmo que não crie –, então *poderia* existir algo que Deus não pode fazer, que é levantá-la.

Como sim ou não são as únicas respostas e as duas levam à mesma conclusão, então, de todas as maneiras, não existe ser onipotente. Assim, se Deus deveria ser onipotente, a conclusão é que não existe Deus.

Que burrito poderoso!

Capítulos relacionados: 7, 26, 36, 43, 57, 59

18

Aviso do cirurgião-geral: tudo causa tudo

Uma pessoa que fuma há muitos anos morre de câncer de pulmão, e a família diz que o hábito de fumar causou isso; o médico diz que foram os pulmões fracos da vítima; e a empresa de tabaco (que pagou o médico) culpa tudo, menos o cigarro. Quem está certo?

Bom, todos estão. E ninguém.

Vamos tomar um caso simples: você risca um fósforo e ele acende. Na maioria das vezes diríamos que riscar o fósforo foi a causa do fogo, mas, na verdade, há muitos fatores tão relevantes para isso quanto o ato de riscá-lo. Para começar, é obviamente crucial que o fósforo tenha sido montado com os produtos químicos apropriados, feito com uma madeira inflamável, que o oxigênio esteja presente, e assim por diante. Igualmente necessárias são as propriedades físicas da superfície na qual existe a fricção: se riscarmos o fósforo na manteiga, na água ou no seu nariz, ele não vai acender. E até mais fundamental: devemos incluir as leis da física e da química, que afirma que, quando fósforos feitos dessa forma são riscados daquele jeito etc., eles pegarão fogo.

Mas mesmo *isso* é apenas o começo, porque também é necessário que não esteja soprando nenhum vento ou não esteja chovendo e que você não esteja debaixo do chuveiro; que nenhum terremoto cubra o fósforo de escombros e que nenhum outro gás antagônico ao fogo esteja presente. Também é necessário que nenhum outro fósforo, isqueiro ou dragão cuspidor de fogo acenda o fósforo antes de ele ser riscado, que ele não desapareça espontaneamente no momento de ser riscado e que (generalizando mais) Deus não intervenha com algum inconveniente milagre antifogo.

Resumindo, não podemos simplesmente dizer que o riscar do fósforo causou o fogo. Devemos, em vez disso, dizer que mais ou menos tudo que existe no Universo causou o fogo, *assim como mais ou menos tudo que não existe.*

Tenho certeza de que as empresas de tabaco ficarão felizes ao ouvir que o mesmo se aplica ao câncer de pulmão.

Eu me pergunto: por que elas nunca convidam filósofos para testemunhar?

Capítulos relacionados: 13, 37

19

VEJO TUDO VERMELHO

Seres humanos, como vimos, são como uma casa dividida. Por um lado, somos corpos físicos; por outro, temos características mentais, como consciência, pensamento e percepção. Muitos insistem que os nossos fatos físicos – de nosso cérebro e suas atividades – são, no geral, os únicos que existem: afinal, a mente é realmente muito misteriosa e não parece se encaixar muito bem nas operações dos nossos cérebros, que estão sendo estudados com sucesso pela ciência. Mesmo assim, poderíamos talvez resistir a essa insistência.

Imagine que Mary foi criada em um ambiente totalmente preto e branco. Apesar de sua vida ser bastante pobre, ela recebe uma educação de primeira qualidade, tanto por meio de livros em preto e branco, como por intermédio de programas em uma TV em preto e branco, e se dedica ao estudo do cérebro. Isso acontecerá bem no futuro, claro, nessa época, os estudos cerebrais estarão bastante aperfeiçoados.

Mary conhece, assim, todos os fatos físicos que existem sobre como opera o cérebro e seus sistemas relacionados: como funcionam as células cerebrais, como estão conectadas a órgãos sensoriais como os olhos, o que acontece quando eles são estimulados pela luz etc. Ela conhece literalmente toda a parte física do que o cérebro faz quando (por exemplo) alguém vê uma cor, como o vermelho. Claro, ela mesma nunca teve essa experiência, apesar de saber precisamente como seu cérebro responderia a isso, se visse.

Um dia, isso acontece. Mary é liberada de seu quarto e vê algo vermelho pela primeira vez. Malditos, por que me impediram de ver isto!, ela exclama. É *maravilhoso*! Mary, pelo menos, aprendeu algo: como é o vermelho ou como é ver o vermelho.

Mas, espere: se ela já sabia tudo sobre a parte física da percepção e, mesmo assim, aprende algo, logo esse novo fato que ela aprendeu não deve ser algo físico.

Por mais misterioso que seja, existem mais coisas, então, do que algo puramente físico.

Capítulos relacionados: 4, 11, 22, 48, 50

20

Você escolhe e perde

Você percebe cinco crianças brincando perto da linha do trem. Absortas na brincadeira, não percebem o trem vindo na direção delas. Por sorte, os trilhos se bifurcam antes de chegar a elas, e você está parado bem na bifurcação. É só apertar o botão que você pode desviar o trem e, dessa maneira, salvar as crianças. Mas aí você nota que, na outra via, está uma criança brincando sozinha. Se não fizer nada, vai permitir que o trem mate cinco crianças na primeira via, contudo, se apertar o botão, vai salvar essas cinco, mas matará a criança solitária. O que você deveria fazer?

Para muitas pessoas, é tão óbvio quanto desagradável que você deve pressionar o botão: a coisa certa a fazer é matar um para salvar muitos.

Mas, agora, pense em uma cena diferente. Você é um médico num hospital pediátrico. Cinco crianças estão a ponto de morrer de diferentes falhas de órgãos: coração, rim, pulmão etc. Você percebe que, do lado de fora, brincando no *playground* do hospital, há uma criança saudável sozinha. Você sabe que ela tem o mesmo tipo sanguíneo das crianças que estão morrendo, e a tecnologia avançou tanto que seria uma questão relativamente simples sequestrar a criança do *playground*, tirar seus órgãos e transplantá-los naquelas que estão morrendo, salvando-as. Se não fizer nada, vai permitir que as crianças morram, todavia, você pode salvar todas as cinco se matar aquela criança solitária. O que você deveria fazer?

Para muitas pessoas é tão desagradável quanto óbvio que você *não* deve apertar o botão: a coisa certa a fazer é poupar aquela criança e matar as outras.

Mas as duas situações parecem fundamentalmente análogas. Então as crenças morais das pessoas estão bastante confundidas aqui? Ou é a moral em si que talvez seja confusa – independentemente do que escolher, você perde?

Capítulos relacionados: 5, 12, 39, 54

21

Realmente tocado, pelo irreal

Sou um chorão. Raramente consigo ler um livro ou ver um filme sem derramar umas lágrimas. Eu me desarmo todo quando Jimmy Stewart pede a Clarence, em *A felicidade não se compra*, para que o deixe voltar a viver. No cinema, não consegui suprimir um suspiro embaraçosamente alto quando a Fera, espantada, murmura para a Bela: "Você voltou, Belle; você voltou". E Bogart, colocando Bergman naquele avião em *Casablanca*? Sempre bom ter, pelo menos, uns três lenços.

O que não entendo é por que isso acontece. Por que sou tocado quando as alegrias e tristezas não são minhas – nem mesmo reais?

Uma ideia é que, quando estamos imersos em um filme, temporariamente nos esquecemos de que estamos observando uma ficção, mas isso parece difícil de aceitar. Se estou assistindo a um DVD, posso me levantar, fazer uma ligação, depois voltar a assistir e chorar. Ou poderia continuar a comer pipoca enquanto choro. Certamente não faria essas coisas durante momentos de tristeza da vida real. Da mesma maneira, poderia sentir terror quando assisto a *Jurassic Park* – mas nunca fico tentado a correr gritando do cinema, o que certamente faria se por um breve momento me esquecesse de que esses dinossauros não são reais.

Outra ideia é que somos tocados pela empatia ou compaixão, afinal, eu raramente consigo assistir ao noticiário sem chorar também pela miséria dos outros. Mesmo assim, ao que parece, a pergunta não está respondida. A dor que vejo dessa maneira não é a *minha* dor, os terríveis eventos mostrados não aconteceram comigo ou sequer experimentei qualquer coisa parecida em minha própria vida, portanto dizer que tenho empatia é dizer que *sou* tocado, mas não explica *por que* sou tocado.

E, certamente, não explica por que sou tocado por coisas que não são reais.

Então, não, ninguém é colocado em um avião quando Bogart coloca Bergman naquele avião, e ninguém realmente volta quando Belle, a Bela, retorna. Mas por alguma razão isso não me impede de abrir outra caixa de lenços de papel.

22

Você não é o que come

Dê uma mordida naquele hambúrguer. O que agora está entrando em seu corpo são vários átomos como hidrogênio, oxigênio, carbono etc. A maioria deles, na verdade, foi originalmente criado dentro de estrelas distantes que depois explodiram e se espalharam por todo o cosmos. Então, o que está se transformando em você surgiu originalmente de dentro de uma estrela. (Sua mãe sempre *dizia* que você era estrela; desta vez estava certa.)

Mas, espere: transformando-se em quem, exatamente?

Você é o que come, dizem as pessoas. A ideia é presumivelmente que você é somente as moléculas que fazem parte de seu corpo. Só que existe um problema aqui. Essas moléculas estão mudando constantemente. A cada momento, você está exalando, suando e derramando um monte de moléculas; por outro lado, inalando e ingerindo outras. Mas se você é a mesma pessoa que começou a ler este capítulo há alguns momentos, enquanto suas moléculas não eram as mesmas, portanto você não pode ser apenas suas moléculas.

Na verdade, cada molécula no seu corpo é substituída aproximadamente a cada sete anos. Se você é somente suas moléculas, então não é meramente uma pessoa *um pouco* diferente da que era há sete anos, é uma pessoa *totalmente* diferente. Do lado positivo dá para se dissociar completamente daquele bobão que você era na escola, mas, no lado negativo, não é mais óbvio por que você teria o direito de usar a poupança que *ele* começou.

Imagine agora que as moléculas que o constituíam há sete anos pudessem ser reunidas e remontadas. Se você é simplesmente suas moléculas, então esta coleção é você também, apenas uma versão mais jovem. Mas aí haveria dois vocês, o que certamente parece estranho - pelo menos tão estranho quanto a briga que vocês dois teriam sobre quem é o dono da poupança.

Eu pessoalmente como muito mal. Nada de grãos. Tampouco existe algo que não fique melhor com açúcar, incluindo o próprio açúcar. O filósofo em mim não tem certeza de quem ou que sou, mas ele pelo menos sente algum conforto ao saber que não somos o que comemos.

Capítulos relacionados: 4, 8, 19, 32, 41, 50, 57

23

O diabo me obrigou a fazer isso

No começo era uma desculpa. Adão culpou Eva, ela culpou a serpente e o resto é a história da humanidade. O Demônio é bastante importante aqui, claro, já que ele adora fazer com que as pessoas se comportem mal, e também trabalha sutilmente (quer dizer, de forma não refutável), algo muito conveniente para o malfeitor que tem toda a culpa.

Agora, implícito em tudo isso é a ideia de que se você foi obrigado a fazer algo, então não é moralmente responsável por isso. E está implícita a ideia de que, se você é incapaz de não fazer o que fez, então não é moralmente responsável por ter feito aquilo. Como o Demônio supostamente tira sua capacidade de fazer as coisas de forma diferente – talvez tentando-o a ponto de não conseguir resistir –, ele também tira sua responsabilidade moral.

Mas esse princípio é realmente verdadeiro? Você poderia ser moralmente responsável por fazer algo mesmo *se* não pudesse evitar isso?

Imagine que Fred está pensando em assassinar Frederique. Isso é *realmente* uma ação má, e o Demônio decide garantir que Fred fará isso. Ele ouve os pensamentos de Fred. Se este está a ponto de decidir cometer o assassinato, o Demônio não vai fazer nada. Mas se ele observa Fred decidindo que não vai cometer assassinato, então vai mexer no cérebro dele para que mude de ideia. Fred, portanto, é incapaz de evitar a morte de Frederique: o Demônio pode ou não agir, mas de qualquer forma Frederique vai morrer.

Pensemos agora que as deliberações de Fred concluem como queria o Demônio: tchau, Frederique. O Demônio não precisou intervir. Obviamente Fred seria moralmente responsável por essa ação, afinal, ele decidiu sozinho, sem intervenção de outra pessoa. E, mesmo assim, é verdade que não seria capaz de tomar outra decisão. Temos aqui um caso onde alguém é moralmente responsável por uma ação mesmo não podendo tomar outra decisão, o que significa que o princípio geral apresentado anteriormente deve estar incorreto.

Mas então por que alguém que o obrigasse a fazer algo poderia livrá-lo da responsabilidade?

Capítulos relacionados: 5, 10, 34, 43, 53

24

CYBER ROMANCE

Eu conheci minha esposa *on-line*. O filósofo em mim combinou com a filósofa nela e o resto seguiu a lógica, como dizem. Eu queria agradecer o programa que nos uniu, mas fiquei desapontado quando a florista recusou meu pedido. Programas não são pessoas, ela insistiu, eles não querem suas flores.

Tão desapontador!

Um computador poderia ser programado para ser uma pessoa, ter uma mente de verdade? Para determinar isso, devemos saber exatamente o que são as mentes. Mas tudo o que dispomos para trabalhar é a consciência de nossas mentes, e nunca temos o tipo de acesso da vida mental "interna" das outras pessoas. Como poderíamos decidir se (digamos) R2D2 de *Guerra nas estrelas* é um de nós ou apenas uma coisa impessoal, apesar de mais complicada do que um termostato, por exemplo?

Só há uma forma: observando seu comportamento. Pensemos na suposição de que existe um computador, conectado a um corpo robótico que pode navegar por uma sala desarrumada, conversar e mostrar algum bom-senso em seu comportamento. Suponha que um robô pudesse se comportar dessa maneira e que você não pudesse detectar *nenhuma* diferença entre o comportamento dele e o de uma pessoa comum. Deveria dizer que esse computador é uma pessoa?

É tentador dizer não, que ele só *parece* ter uma mente, mas se você nega que um computador como esse tem uma mente, então não deveria fazer o mesmo com outros seres humanos? O que faz você pensar que eles possuem mentes, tirando o fato de que se comportam como se tivessem?

Na verdade, as pessoas são realmente programas complexos, rodando sobre o *hardware* do cérebro. Se minha esposa possui um monte de circuitos dentro de si, por que isso deveria importar? Ela ainda seria uma *expert* em calcular gorjetas, corrigir minha ortografia e encontrar passagens de avião mais baratas, e, além disso, seus lindos detectores ópticos de cor marrom ainda se iluminariam todas as vezes que eu levasse flores para casa.

E isso é bom o suficiente para mim.

Capítulos relacionados: 4, 55

25

"DEPENDE DO QUE SIGNIFICA A PALAVRA 'É'"

Filósofos, advogados, assessores de imagem – e o ex--presidente norte-americano que disse essa infame sentença em um tribunal –, todos sofrem de uma má reputação: fazem jogos com palavras. Isso pode bem ser verdade, mas não deveríamos culpar o filósofo dentro de uma pessoa por essas ofensas. Deveríamos culpar a língua por tornar essas ofensas possíveis em primeiro lugar.

O inglês, como outras línguas, é uma bagunça: é vaga, ambígua e inconsistente. E é ainda mais notoriamente incerta com respeito a uma das suas palavras mais básicas: "*is*" [é/está – verbo ser ou estar em português]. Às vezes (por exemplo) indica o presente: "Fred está comendo agora". Mas outras vezes indica o futuro: "Fred está chegando". E outras vezes é usada sem indicar tempo: "O número 3 é ímpar" ou "'É', é simplesmente uma bagunça".

E mesmo se nos restringimos ao presente, "é/está" não fica melhor. Considerem as seguintes frases:

Fred está vermelho
Fred é de chumbo

Fred é Ted
Fred é

Dizer que Fred está vermelho é dizer que vermelho é uma das suas propriedades. (Talvez esteja corado.)

Mas dizer que Fred é de chumbo é dizer que ele é composto de chumbo – talvez "Fred" seja o nome de uma estátua – de uma forma que nunca diríamos que Fred corado é "composto" de vermelho.

Quando falamos que Fred é Ted estamos *identificando* Fred com Ted: Fred e Ted são a mesma pessoa. (Talvez ele esteja enganando sua mulher usando nomes diferentes.) Mas não falamos que Fred, a estátua, é "idêntica" a chumbo. Afinal, há muito chumbo no mundo que não está unido a Fred.

Finalmente, quando falamos "Fred é", não estamos falando nada sobre suas propriedades, do que ele é composto ou a quem ele é idêntico. Estamos somente dizendo que ele existe.

Então "é/está" *são* palavras difíceis. Não culpe os filósofos, os advogados, os assessores de imagem ou os ex-presidentes dos Estados Unidos (que também podem ser todos os anteriores) – é a língua que precisa sofrer *impeachment*.

CAPÍTULOS RELACIONADOS: 6, 15, 35, 47

26

As dez mais de Deus

Se você acredita em Deus, então provavelmente acredita que Ele criou tudo. Se acredita na moral, então acredita que certas ações são moralmente certas e outras, erradas. Se você acredita tanto em Deus quanto na moral, provavelmente acredita que Deus criou a moral.

Calma aí.

Vamos assumir que a "criação da moral" por Deus possa ser representada pela entrega dos famosos Dez Mandamentos. Agora pergunte: Deus ditou esses mandamentos porque essas são as coisas certas e erradas a fazer, ou essas coisas são certas e erradas simplesmente porque Deus as ditou?

Suponhamos que é o primeiro: Deus disse porque é o correto a ser feito, mas então os mandamentos aparecem *depois* da correção da ação, ou seja, eles não são o que a *torna* correta. A ação já é certa em si, e Deus simplesmente nos informa sobre ela. A partir dessa visão, Deus na verdade não *criou* a moral.

Agora, suponhamos que a outra opção está correta: honrar seus pais (digamos) é a coisa certa a fazer simplesmente porque Deus mandou. Aqui a correção *é* devida a Deus. É o decreto dele que *faz* com que seja a coisa certa a fazer, porém agora não temos nenhuma explicação sobre *por que* Deus nos mandou fazer essa coisa ao contrário do oposto. Deus é um agente livre, afinal, e poderia simplesmente ter dito: "*Desonre* teu pai e tua mãe". Foi simplesmente arbitrário ou aleatório que Deus nos mandou honrar em vez de desonrar?

Não. A moral genuína não é arbitrária dessa maneira. Deve existir uma razão para Deus mandar honrar e proibir o assassinato (digamos), em vez do oposto, e a razão é que honrar e assassinar já eram certo e errado antes dos mandamentos dele. Em outras palavras, estamos de volta à primeira opção, de acordo com a qual a moral não foi criada por Deus.

Se você acredita na moral, não pode acreditar que Deus criou tudo.

Capítulos relacionados: 5, 7, 12, 17, 36, 43, 57, 59

27

A PROVA ESTÁ NO PUDIM (DE BAUNILHA)

Eu simplesmente amo pudim de baunilha, mas o filósofo em mim ama ainda mais provar coisas e, infelizmente, o primeiro é muito mais fácil de obter do que o segundo.

O que constitui, portanto, uma "prova" de algo? Um modelo possível poderia vir da ciência, visto que o cientista tem certa teoria; de acordo com essa teoria, se ele faz determinada experiência, vai conseguir um resultado particular. Ele então faz a experiência e, se consegue o resultado, a teoria está provada. Se não, é recusada.

Mas não é tão simples.

Na verdade, todo tipo de falsa teoria permanece viva por anos, pois muitas das suas previsões pareciam ser verdade, portanto simplesmente conseguir o resultado que você espera não fornece nenhuma "prova" real da sua teoria, nem um resultado inesperado na verdade *refuta* sua teoria, porque você pode ter calculado a previsão de maneira equivocada; algo poderia estar errado com seus aparelhos; ou fatores desconhecidos poderiam interferir em seu resultado.

Então, nenhuma experiência pode *provar* nada. O que poderíamos dizer é somente que várias experiências podem fornecer alguma *indicação* a favor ou contra uma teoria.

Mas nem isso resolve.

Suponhamos que você tinha a teoria de que "todos os corvos são negros". Obviamente, quanto mais corvos você observou, mais confiante se sentiu com relação a essa teoria; e se você viu um corvo não negro, provavelmente desistiu da teoria. Mas dizer que "todos os corvos são negros" é o equivalente, na verdade – se você pensar nisso por um momento –, a dizer que "todas as coisas não negras não são corvos". E se isso for equivalente, então qualquer prova de uma suposição deve também ser evidência para a outra.

Aqui vamos ao pudim e ao problema. Se um corvo negro fornece a prova de que "todos os corvos são negros", então um não corvo não negro – que é o caso do pudim de baunilha – forneceria a prova de que "todas as coisas não negras não são corvos". Mas como essas duas sentenças são equivalentes, a prova para um é prova para a outra, portanto o pudim de baunilha termina contando como prova de que "todos os corvos são negros"!

Algo deu errado em algum ponto.

Capítulos relacionados: 11, 38, 44

28

HÁ MAIS COISAS NO MUNDO DO QUE AQUILO QUE EXISTE

Parece bastante paradoxal. Mas, claro, agora sabemos o que o filósofo interno vai dizer: é e não é.

O que existe é o que é real, e o que é real é tudo que existe. No momento de escrever, eu existo, Londres existe, o número 3 existe e muitas outras coisas existem. Mas nem todas as coisas reais são iguais. Sim, você existe ao ler isto – mas não *precisava* existir, já que existem muitas possíveis circunstâncias nas quais você *não existiria*. Suponhamos que o Big Bang nunca tenha ocorrido; suponhamos que a vida na Terra nunca teve início; suponhamos que sua mãe *não tivesse* um espasmo bem no momento da inseminação. Essas coisas não aconteceram, mas *poderiam* ter acontecido, e se tivessem, você *não teria* acontecido. E isso significa que sua existência é "contingente", quer dizer, contingente de todas as coisas que o criaram, mas não tinham de acontecer.

Ao contrário, considere objetos matemáticos como o número 3. Ele nunca foi criado, sua existência não foi concebida ou feita e não existe nenhuma possível circunstância na qual ele não teria existido. Portanto, o número 3 existe não como contingência, mas como *necessidade.*

O real, então, divide o contingente e o necessário. Mas há mais – porque nem tudo é real.

O que faz a sua existência contingente é que há circunstâncias possíveis nas quais você não teria existido e talvez outras coisas tivessem existido no seu lugar (pense naquele espasmo!). Mas se existem realmente outras possibilidades, então o mundo contém mais do que aquilo que é real. *Deve também conter essas possibilidades.*

Pense no seguinte: se você simplesmente listou tudo o que existe realmente, não teria dado completamente conta do mundo – pois essa lista deixa de fora o fato verdadeiro de que outras coisas *poderiam ter* existido. E é o que queremos dizer quando falamos que o mundo também contém essas possibilidades.

Não, não existe nada mais no mundo além do que realmente existe, se o que existe é tudo que é real *e* possível, mas existem mais coisas no mundo além do que é meramente real.

CAPÍTULO RELACIONADO: 8

29

Tudo é relativo

Filósofos costumam discordar com frequência, mas até pessoas normais têm dificuldade de chegar a um acordo. Pense em todas as nações em guerra, os litígios nos tribunais e as crianças discutindo do que brincar. É igual nas questões morais, como era de esperar.

Há tremendas diferenças morais no mundo. Em várias culturas, é moralmente certo decidir os casamentos para os filhos, suprimir a diferença política para harmonizar o grupo e que as mulheres tenham menos *status* que os homens; no Ocidente, isso tudo está errado. Em algumas culturas, existe ainda a obrigação moral de circuncidar filhas, ao passo que o rótulo de "mutilação genital feminina" diz muito bem o que os ocidentais pensam da prática. Ao mesmo tempo, muitos aspectos da cultura ocidental são vistos como moralmente objetáveis em outras partes, seja o materialismo e o consumismo, a ênfase no individualismo, seja a falta de pudor ao se vestir, e por aí vai.

O que devemos fazer com essas diferenças? Existe alguma forma de determinar, em face de tantos desacordos morais, quem está certo e quem está errado?

Até onde o filósofo em mim pode ver, a moral não existe no mundo da mesma forma que os fatos científicos ou matemáticos existem. Estes últimos existem de maneira independente dos seres humanos e são, assim, coisas que precisamos descobrir; consequentemente, todas as culturas concordam com elas. A moral, ao contrário, não é algo descoberto, mas algo inventado por diferentes grupos em diferentes momentos e lugares. E como com qualquer invenção, depende inteiramente do inventor decidir o que entra e o que fica de fora. Culturas diferentes podem estabelecer as regras morais que quiserem, e cada cultura é o único juiz do que é certo e errado dentro daquela cultura. Por esse motivo, ninguém está na posição de julgar a moral de outra cultura.

Quem pode dizer quem está certo e quem está errado quando as culturas discordam sobre a moral? Todo mundo e ninguém, pois todo mundo pode opinar sobre a moral da própria cultura, mas ninguém pode opinar sobre a do outro.

Capítulos relacionados: 5, 12, 54, 58

30

O QUE VOCÊ VÊ NÃO É O QUE VOCÊ TEM

As pessoas sempre me dizem para confiar nos meus sentidos, mas o filósofo em mim acha que deveríamos nos afastar ao máximo deles.

Para nos concentrarmos somente na visão, nossos olhos nos enganam o tempo todo. Uma torre quadrada pode parecer redonda ao longe, e nossos lençóis parecem perfeitos enquanto possuem mais ácaros famintos do que queremos saber. A lua parece maior no horizonte do que acima de nós, mas não é assim. Um graveto reto, na água, parece encurvado. O céu parece azul quando, na verdade, consiste somente de moléculas de gás que não são azuis. Objetos parecem se mover na tela do cinema quando tudo que estamos realmente vendo é uma rápida sequência de fotogramas. E aquela mesa de jantar pela qual pagamos o salário de um mês e que parece ter uma superfície de cerejeira sólida? Na verdade, é composta principalmente por espaços vazios dentro de seus átomos. Bandidos!

Assim, toda a ideia de que nossos olhos podem nos contar como as coisas são realmente não faz muito sentido. Nossas percepções estão constantemente variando, por um lado, sem que tenhamos qualquer base para escolher uma percepção que seja a "verdadeira". Por exemplo, eu não deveria ter sugerido que o graveto "realmente é" reto, já que até essa informação só vem de outras percepções conflitantes. Em vez disso, deveríamos simplesmente dizer que para nossa percepção visual o graveto *parece* torto, ao passo que, para nossa percepção tátil debaixo da água, *sentimos* que ele é reto. Não há forma de falar como as coisas "realmente" são. Só podemos dizer como as coisas parecem ser em diferentes circunstâncias.

Ainda mais importante, para dizer que nossa percepção visual de uma coisa é precisa teríamos de comparar essa percepção com a coisa em si. Mas como podemos fazer *isso*? Sempre que olhamos para algo, tudo que temos é outra percepção dela, nunca a coisa em si!

As coisas simplesmente não são, resumindo, como os olhos as veem. Então, da próxima vez que falarem para usar seus sentidos – diga não!

Capítulos relacionados: 3, 4, 9, 11, 16, 33, 42, 52, 56

31

NÃO DÁ PARA SOMAR

Há um episódio da *Vila Sésamo* em que o boneco Grover aprende a somar 1 mais 1 para conseguir 2, usando blocos. Mas aí trazem laranjas e ele começa a chorar, porque só sabe somar com blocos.

Essa pequena cena coloca algumas grandes perguntas sobre os números.

O humor aqui está na nossa suposição de que, se você consegue somar blocos, deveria também saber somar laranjas. Mas por que assumimos isso, exatamente? Porque também assumimos que números são propriedades reais de objetos. Se o "único" de cada laranja é tão real quanto o "único" de cada bloco, portanto se Grover domina um ele deveria ser capaz de dominar o outro.

Mas os objetos são realmente numerados intrinsecamente dessa maneira?

Considere um automóvel e se pergunte qual número se aplica a ele. Bom, é 1 Jaguar, digamos. Mas também é (digamos) 4.000 componentes (rodas, motor, volante, e assim por diante) – e 8 gazilhões de moléculas e 80 gazilhões de gazilhões de átomos, e ainda um monte de outras partículas elementares. Agora, qual número se aplica a isso? Pense nisso como um carro e é 1; pense em termos de componentes e são 4.000; pense de maneiras diferentes e podemos aplicar números diferentes. Quais números se aplicam a algo depende não só do algo, mas de como você escolhe *pensar* na coisa.

Os números só estão na sua mente, então? Afinal, você pode saber que 1 + 1 = 2 simplesmente pensando nisso. Além do mais, confiamos em nossa aritmética mesmo quando o mundo entra em conflito com isso! Às vezes uma nuvem se junta a outra, formando uma única nuvem maior. 1 nuvem mais 1 nuvem resulta em: 1 nuvem. Isso prova que 1 + 1 *não* é igual a 2? Claro que não. Mas *por que* não? Porque os números na nossa mente não se aplicam *realmente* a coisas como nuvens ou qualquer objeto no mundo.

O que é surpreendente, não é Grover não conseguir somar as laranjas, mas ele, ou qualquer um de nós, conseguir somar os blocos, em primeiro lugar.

Capítulos relacionados: 4, 8, 56, 57

32

O MESMO O MESMO

Sua experiência diária é bastante repetitiva: você acorda, se veste, vai trabalhar, ou seja, a maioria dos dias tem "o mesmo" conteúdo. Mas o fato de *que* eles são o mesmo *também* é o mesmo a cada dia. Portanto é *o mesmo* o mesmo a cada dia.

Mas espere: em que sentido exatamente as coisas são as "mesmas" todo dia?

Ontem você escovou os dentes: seis movimentos para cima e para baixo, seis escovadas horizontais etc. Hoje você faz o "mesmo", mas essas ações diferem de muitas maneiras: uma foi na terça, a outra na quarta; algumas de suas escovadas eram um pouco mais rápidas do que outras. Então, por que a consideramos o "mesmo"?

Na verdade, como duas coisas quaisquer *poderiam* ser consideradas o "mesmo"? Ser o mesmo é ser a mesma coisa; é ser uma coisa única. Toda a noção de que *duas* coisas são o "mesmo" não faz nenhum sentido!

Ou imagine dois frascos de *ketchup* exatamente iguais em todos os sentidos. Normalmente não hesitamos em dizer que "esses dois objetos são a mesma coisa", uma vez que essa noção está em todos os lados!

Novamente, se o mesmo significa "um", como podem *duas* coisas ser o mesmo?

Talvez os dois frascos sejam o mesmo, pois possuem as mesmas propriedades: tamanho, forma, cor etc., mas aqui está o "mesmo" problema. Esse frasco tem essa cor vermelha, aquele frasco tem aquele vermelho; como esses dois "vermelhos" podem ser o "mesmo"? Ou às vezes falamos que os frascos "compartilham" suas propriedades, mas duas pessoas podem dividir um apartamento, ou um nome, ou (se combinarem) até um rim: em cada caso há uma coisa à qual os dois têm acesso. Se os frascos de *ketchup* compartilham a propriedade de ser vermelhos, existe literalmente uma coisa – o "vermelho" – a qual os dois têm acesso? Mas como poderia ser isso? Os dois frascos podem estar separados no espaço, até quilômetros ou continentes de distância. Como poderia uma única coisa, um "vermelho", literalmente estar presente nos dois frascos?

"O mesmo" é inconcebível. Então, na verdade, todo dia *é* o mesmo: algo completamente único.

CAPÍTULOS RELACIONADOS: 8, 22, 41, 50

33

NÃO CONSIGO VER POR MUITOS QUILÔMETROS

Realmente não consegue. Nem muitos quilômetros, metros ou centímetros. Na verdade, não dá para ver nenhuma distância.

Imagine que você está de olho na Jessie do escritório. Certamente parece que você consegue ver qual a distância que ela está de você – uns dez metros e aumentando, pois ela percebeu que você está olhando e começa a recuar. Mas tudo o que você consegue "ver", falando estritamente, é o que está ao alcance da sua retina, a membrana no fundo do seu olho – que é o único caminho para que a informação visual entre no seu cérebro. A distância entre você e Jessie é medida por uma linha reta dela até seu olho, quer dizer, a linha que cada raio de luz viaja dela até seu olho. E aqui está o problema: seu olho só recebe o ponto "final" daquela linha. Você só recebe a luz quando ela atinge sua retina, e esta simplesmente não consegue saber que distância viajou aquela luz. Então, não dá para "ver" a que distância ela está.

Mas Jessie agora está a 15 metros e ganhando velocidade.

A coisa piora. Novamente você vê coisas só por meio da imagem em sua retina, mas a mesma imagem da retina pode ser formada por objetos a quase qualquer distância. Por exemplo, você vê a lua porque ela imprime uma imagem de certo tamanho e forma na sua retina. Mas aquela mesma imagem seria impressa ali por um pequeno objeto redondo muito perto do seu olho, um objeto de tamanho médio a alguma distância ou um objeto grande como a lua a grande distância. A imagem da retina em si não carrega nenhuma informação sobre a distância do objeto. Assim, você simplesmente não consegue "ver" a distância.

Mas ali está Jessie, agora a uns 20 metros, ligando desesperada para a polícia do celular. *Como* você sabe disso, se não está vendo?

Capítulos relacionados: 11, 30, 56

34

Se você ler apenas um livro este ano...

Imagine que você recebeu um livro chamado *Sua vida.* O capítulo 1 começa com seu nascimento e o primeiro ano de sua vida, tudo com impressionantes detalhes. Como todas as boas biografias, contém todas as verdadeiras declarações sobre sua vida, e você percebe que o livro continua com (esperamos que muitos) capítulos sobre seu futuro.

Suponhamos que há algumas notícias ruins no futuro. O livro diz que em uma noite de sábado você vai entrar no seu carro às 20h45, pegar seu namorado (ou namorada) às 21h05, sofrer um acidente às 21h23 na Broad Street com James, matando seu acompanhante. Você vai, claro, tentar evitar esse resultado. Não vai entrar no carro. Mas, espere, o livro só contém declarações verdadeiras. Então, de alguma maneira você deve acabar no carro. Talvez, você não vá até a casa de seu namorado(a). Mas como o livro diz que você vai, seus esforços para evitar isso devem fracassar. Que estranho! Você tenta falar: "Não entre no carro!", mas, em vez disso, você se pega dizendo: "Pula aí, querido!". Você tenta evitar o cruzamento fatal, mas não consegue. Alguma força milagrosa o impede a virar o volante de modo a colocá-la ali às 21h23, exatamente quando o outro carro passa o sinal vermelho...

Essa história é obviamente implausível, pois exige invocar forças misteriosas que o impelem contra sua vontade, e ninguém acredita em tais forças. O mais plausível em que acreditar é simplesmente isto: você será capaz de evitar o resultado previsto de muitas maneiras.

Mas, perceba: o que gerou todo o cenário incrível foi a hipótese de que você poderia conhecer de modo confiável seu futuro. Se o que sai dessa hipótese é algo impossível de acreditar, então ela deve ser falsa. Portanto, é impossível conhecer de forma confiável seu futuro. Ninguém – nem mesmo Deus! – poderia conhecer precisamente suas ações futuras e contá-las a você.

E por quê? Porque, para quase toda previsão que você pudesse conhecer antecipadamente, poderia mudá-la.

É porque, em outras palavras, você tem livre-arbítrio.

Capítulos relacionados: 10, 23, 43, 53

35

Para Shakespeare – ou algum outro com o mesmo nome

Como outras palavras, os nomes têm significado, e é natural pensar que o sentido de um nome é somente aquilo a que ele se refere. Infelizmente, essa teoria não funciona, como vimos antes. Então, precisamos de outra teoria.

Pense como você responderia se fosse questionado a quem se refere quando fala o nome "Shakespeare". Você daria algum tipo de descrição, como "Shakespeare foi o autor de *Hamlet*". Isso sugere outra teoria natural: o sentido de um nome é a descrição que você associa a ele, e a pessoa ao qual o nome se refere é quem se encaixa nessa descrição.

Parece plausível, mas essa teoria também não funciona, porque se ela estivesse correta, então, estranhamente, seria impossível falar algo falso sobre outra pessoa!

Suponha que você afirme que "Shakespeare foi o autor de *Hamlet*". Mais tarde descobre-se que isso é falso; um cara chamado Marlowe na verdade escreveu *Hamlet*, mas a autoria de Marlowe se perdeu na história (algo conveniente para Shakespeare). Normalmente diríamos que sua hipótese original sobre o "ladrão de glórias"

Shakespeare se tornou falsa. Mas, de acordo com nossa teoria, o nome "Shakespeare" se refere a quem se encaixar na descrição de "autor de *Hamlet*". Então, nesse caso, a sentença original falaria na verdade sobre *Marlowe*, já que é ele que se encaixa na descrição! E Marlowe *foi* o autor de *Hamlet*, então, o que originalmente parecia uma falsa sentença sobre Shakespeare termina sendo uma sentença verdadeira sobre Marlowe – alguém de quem você nunca tinha ouvido falar antes!

Algo está muito errado aqui, é óbvio.

Na verdade, algo está errado com as duas teorias naturais sobre o significado dos nomes. Talvez seja hora de começar a considerar algo um pouco mais antinatural. Tenho certeza de que o autor de *Hamlet* concordaria – seja quem for.

Capítulos relacionados: 6, 15, 25, 47

36

Por que você ainda está aqui?

Bem, eu estava aqui há um segundo e não fui embora.

Claro, quando me fizeram essa pergunta, quem a faz tipicamente não está procurando uma explicação, mas, em vez disso, minha saída imediata. Acontece que a resposta não explica nenhuma das duas.

Porque a questão mais profunda é esta: o que o mantém, ou qualquer coisa - este livro, este carro, esta Terra - em existência de um momento para o outro? Certamente parece que qualquer coisa *poderia*, pelo menos em tese, deixar de existir a qualquer momento. Então, por que não deixa de existir?

Sim, você estava aqui há um segundo. Mas a sua existência em um instante explica sua existência no seguinte? Não parece. Porque não é impossível que você deixe de existir a qualquer momento, então o fato de existir no instante 1 não significa que você *deve* existir no instante 2. Portanto, ainda precisamos de uma explicação por que você ainda está aqui no instante 2.

É tentador dizer que as coisas têm alguma força ou poder para resistir e *isso* é o que as mantêm em existência. Mas essa resposta não funciona, porque o mesmo problema pode confrontar a força em si! Coisas não existentes obviamente não podem exercer nenhum poder causal, então, se a força em si não existe no instante 2, não pode causar seu efeito – como é a sua existência – no instante 2. Dessa maneira, a força em si deve permanecer do instante 1 para o instante 2. Mas o que *a* mantém em existência durante aquele intervalo?

Poderia alguma *outra* coisa, distinta de você, explicar por que você permanece existindo? Não se essa outra coisa pudesse deixar de existir porque, então, o mesmo problema existirá para *ela*.

Se quiséssemos realmente explicar por que persistimos de momento a momento, parece que precisamos invocar a atividade de algo que poderia *não* ter a possibilidade de deixar de existir.

Pode ser que o simples fato de que você está aqui agora – e agora – e *agora* – signifique que Deus existe?

Capítulos relacionados: 7, 17, 26, 43, 57, 59

37

A RETRAÇÃO DO CIRURGIÃO--GERAL: NADA CAUSA TUDO

Pergunte qualquer coisa a dois cirurgiões-gerais e você vai ter pelo menos duas opiniões diferentes. Anteriormente, vimos a opinião de que tudo causa tudo. Mas isso foi antes.

Para voltar ao exemplo familiar, dizemos certas coisas como: "O riscar do fósforo fez com que ele se acendesse". Nossa intenção, ao falar que uma coisa causa a outra, é que o primeiro evento faz ou leva o segundo evento a ocorrer. E isso significa que, depois que o primeiro ocorre, o segundo *tem* de ocorrer: é *impossível* que o primeiro ocorra sem o segundo.

Mas existem dois eventos realmente conectados dessa maneira?

Dizer que algo é impossível é dizer que envolve uma contradição. Mas não há nenhuma contradição na ideia de que um evento ocorre sem a existência de outro. É fácil conceber (por exemplo) que nosso fósforo possa ser riscado sem acender – você acabou de pensar! Pode ser tentador objetar: "Mas dadas as leis da física e da química, se você riscar o fósforo nessas condições, *é* impossível que ele não acenda!". Bem, imaginemos que as leis da física sejam diferentes. Não existe nenhuma contradição aqui também! E se você conceber isso, pode imaginar o fósforo sendo riscado, mas não pegando fogo – situação em que não é impossível ter o primeiro sem o segundo.

Portanto, o primeiro não fez ou levou o segundo a ocorrer; não é, em outras palavras, a causa dele. Não o riscar e acender, e nem para nenhum outro par de eventos no mundo.

Assim, a verdade é esta: nada causa nada.

Então, por que as coisas acontecem?

Capítulos relacionados: 13, 18

38

Você ainda vai me amar amanhã?

A resposta óbvia para essa questão é sempre sim.

Mas a pergunta não tão óbvia é como se pode fazer essa promessa sobre o amanhã ou sobre o futuro? Imaginemos que você caminhou até o ponto de ônibus nesta manhã. Você confiou que o chão apoiaria cada passo que deu. Mas o que o fez acreditar que o "próximo" passo não o levaria a um buraco que surgisse repentinamente? Resultados passados certamente não são nenhuma *garantia*, como dizem as letras pequenas dos contratos. Mas será que o histórico da Terra, de apoiar seus bilhões de passos anteriores, pelo menos faz que seja *altamente provável* que ela vai apoiar seu próximo passo?

Só seria assim *se* você assumisse que o futuro será como o passado – porque se não assumir isso, então não seria.

Mas como você justificaria essa hipótese em si mesma?

Bem, o futuro sempre tem sido como o passado, até o momento, então não temos razão para acreditar que ele vai continuar a ser como o passado? Não, porque isso só repete o problema, uma vez que apenas assume que os padrões do passado continuarão no futuro. *Mas essa é a própria hipótese que estamos tentando justificar!* E não dá para justificá-la apenas supondo que é verdadeira. O que significa que você não tem uma boa razão para acreditar que o futuro será como o passado – nem, por outro lado, diferente. O que significa que os resultados do passado *não servem como guia do futuro.*

Portanto você provavelmente deveria evitar dizer *qualquer coisa* sobre o amanhã. Na próxima vez que fizerem a pergunta do título, eu o aconselho a sair correndo – exceto se não tem nenhuma boa razão para acreditar que a Terra vai apoiar seus passos. Quem sabe você devesse ficar parado e em silêncio? No entanto, pelo mesmo raciocínio, você também não possui nenhuma boa razão para acreditar que a Terra vai continuar a servir de base para onde você estiver parado. Talvez a coisa a fazer seja como eu disse: responder sim. E rápido. Se for questionado sobre sua hesitação, apenas diga que estava imaginando o futuro dos dois.

Capítulos relacionados: 11, 27, 43

39

Um vício inconveniente

Tenho um problema com pipoca de cinema. Consigo satisfazer meu vício em doces em qualquer lugar, mas só no cinema é que consigo aplacar meu vício em pipocas. Também acredito firmemente que você deveria tentar fazer algo de bom para esse mundo.

E esse é precisamente o problema.

Pense no dinheiro que você gasta sempre que vai ao cinema e, em seguida, pense naqueles comerciais que sempre vê na televisão: crianças famintas chorando, com olhos arregalados, olhando para a câmera enquanto afirmam que uns poucos centavos por dia poderiam evitar que essa criança morresse de fome. Você fica tocado, acaba decidido – e mesmo assim termina dando risadas com o último sucesso de Adam Sandler.

Está gastando um monte de dinheiro mastigando pipoca enquanto há crianças literalmente *morrendo*.

É fácil racionalizar seu comportamento. "O que meu dinheiro poderia fazer contra todos os problemas do mundo?" Resposta: poderia salvar a vida de uma criança. "Ei, faço muitas coisas boas, faço doações para caridade, dedico meu tempo. Não posso ir ao cinema de vez em quando?" Resposta: você sempre poderia fazer mais. A sua noite no cinema vale a vida de uma criança? "Como posso ter certeza de que meu dinheiro vai fazer algo de bom?" Resposta: pare de ir ao cinema e se envolva no trabalho de organizações relevantes.

Na verdade, é muito difícil justificar sua noite no cinema. Ou sair para jantar. Ou comprar roupas novas. Ou quase tudo que fazemos. Se todos nós cortássemos um pouco nossos luxos e direcionássemos nossos recursos, seria possível fazer um excelente trabalho no mundo. Vejamos o aquecimento global, por exemplo. Se todos que viram o filme *Uma verdade inconveniente*, de Al Gore, tivessem direcionado o dinheiro da pipoca para o problema de alguma maneira, talvez o filme não tivesse sido necessário.

Oh, espere um pouco – tem um novo filme de Steve Martin estreando!

Capítulos relacionados: 5, 12, 20, 49, 54

40

NÃO EXISTE MOMENTO COMO O PRESENTE

Sei que horas é agora. Só não sei o que é o tempo em si.

Ele parece ser composto de passado mais presente mais futuro. Mas o passado não existe – se existisse, seria o presente! E o futuro não existe *ainda*, nesse caso, ele não existe *agora*. Então, se o tempo existe, só existe como o presente.

Mas o que é o presente?

O presente é um momento sem duração, porque, se tivesse duração (um dia, uma hora, um milissegundo etc.), nem toda aquela duração estaria presente de uma vez. E enquanto um dia é composto de horas, as horas de minutos, e assim por diante, o presente não é como esses intervalos temporais: não é composto de qualquer intervalo ou parte menor, porque se fosse nem todas essas partes estariam juntas ao mesmo tempo. Em vez disso, o presente é composto, literalmente, de nada.

Mas algo composto de nada deve ser, em si mesmo, também nada.

Da mesma maneira, pense em objetos físicos comuns. Todos são compostos de coisas menores que, por sua vez, são compostos de coisas menores ainda.

No final, entretanto, você chega ao nível mais elementar. Atualmente, os cientistas pensam que os menores objetos físicos são coisas como elétrons e quarks, talvez o que eles chamam de "corda".

Mas o tempo não é assim. Não existe ponto menor. Não importa quão pequeno seja um intervalo temporal sobre o qual estamos falando (microssegundo, nanossegundo etc.), sempre há um menor. E se não existe fim, não pode existir momentos sem duração - porque tais momentos *seriam* o fim ao serem indivisíveis.

O presente, em outras palavras, não existe.

Assim, quando as pessoas dizem que não têm tempo para algo, não percebem como estão certas.

Porque não existe tempo. Ponto.

Capítulos relacionados: 2, 8, 43, 51

41

Minha crise de identidade está tendo uma crise de identidade

É comum experimentar algum tipo de crise de identidade quando se chega à idade adulta: quem sou eu realmente? Quais são meus princípios mais profundos? Está certo realmente que meus pais continuem a me sustentar? Quando isso aconteceu comigo, ao redor dos 35 anos, fiquei profundamente ansioso. Mas então minha crise de identidade teve uma crise de identidade: o que é identidade, realmente? Quais são seus princípios mais profundos? E se não forem meus pais, quem vai me sustentar?

A identidade é, na verdade, um problema para todos os tipos de coisas. O seu corpo é idêntico às moléculas que o compõem? Os estados mentais são idênticos aos estados do cérebro? O Deus do Velho Testamento é idêntico ao do Novo Testamento? Se vamos avaliar perguntas como essas, certamente precisamos de alguma orientação.

Então pense no seguinte princípio:

"Se há algo verdadeiro de *x* que não é verdadeiro de *y*, então *x* não é a mesma coisa que *y*."

Esse princípio faz muito sentido, mas sentido pode, às vezes, não levar a lugar nenhum.

Uma estátua é idêntica ao barro (digamos) do qual ela é feita? É difícil negar isso; não existem duas coisas aqui, a estátua *e* o barro. Mas há muitas coisas verdadeiras sobre algumas coisas que não são verdade sobre outras. A estátua foi feita por Michelangelo; o barro foi feito de processos geológicos. A estátua poderia ter sido feita de mármore, mas o barro não, e a estátua é linda e de valor incalculável, enquanto o barro em si não é.

De alguma maneira eles não são idênticos!

E pense na versão de si mesmo de alguns momentos atrás. Há algo verdadeiro de você agora que não é verdade do seu eu anterior: sua consciência do problema de identidade. Então, o segundo você não é a mesma pessoa que o primeiro. Na verdade, a cada instante você fica mais velho, mas cada você seguinte é de uma idade diferente do que cada você anterior, por isso não são a mesma pessoa. Resumindo, a cada instante uma pessoa desaparece e surge outra.

Então, quem *é* você, exatamente?

CAPÍTULOS RELACIONADOS: 8, 22, 32, 50, 57

42

VEREI VOCÊ NOS MEUS SONHOS

"Você está louco; está tudo na sua cabeça." O filósofo em mim está acostumado a ouvir isso, normalmente dito com um dedo apontado para a porta. Minha resposta típica, quando a porta se fecha atrás de mim, é falar: "Exatamente!". Porque *está* tudo na mente.

Imagine o seguinte sonho. Você está em uma ilha, o sol está brilhando, o oceano é de um azul maravilhoso, você está tomando uma *margarita* gelada com uma pessoa especial… E então acorda. E está na sua cama, à noite, no inverno, no seu apartamento desesperadamente sozinho. Todos conhecemos esse fenômeno, como já vimos: a forma como as coisas aparecem nos nossos sonhos nem sempre é como existem na realidade.

Mas agora esse fenômeno não está meramente limitado a nossos sonhos.

No sonho, em um momento você olhou para um coqueiro. Mas pense, agora, *o que* exatamente você estava vendo?

Não era uma árvore real – quer dizer, fisicamente –, porque não existe nenhum coqueiro físico no seu solitário apartamento. Na verdade, não era uma árvore física, porque seus olhos estavam fechados: você não estava vendo nada fisicamente. Devia estar vendo outra coisa: a imagem mental de uma árvore, uma árvore mental. O mesmo acontece com todo o resto em um sonho. O que vemos em sonhos, claramente, são apenas imagens mentais.

Agora você acorda. Se tiver sorte, está lendo este livro em uma praia, o sol está brilhando, o oceano é azul... Olhe para um coqueiro. Sua experiência visual é, em todos os sentidos, igual à experiência visual sonhada daquela árvore, por isso é tão difícil distinguir sonhos das percepções normais da vigília. Mas, em um sonho, o que vemos são somente imagens mentais de objetos. Portanto, o que você vê quando olha para uma árvore, *mesmo quando acordado*, é somente uma imagem mental, e não uma árvore física real.

Assim, mesmo quando acordados nunca percebemos genuinamente os objetos físicos no mundo ao nosso redor.

Não estou louco: *está* tudo na sua mente.

Capítulos relacionados: 3, 4, 9, 16, 30, 48, 52, 56

43

Só Deus sabe o que você vai fazer

Deus supostamente é *onisciente*, sabe tudo. Mas, então, Ele deveria saber o que você vai fazer no futuro, mesmo se você agir livremente. Mas como exatamente Deus poderia saber, nesse momento, o que você vai fazer, com seu livre-arbítrio, amanhã (digamos)?

Bem, há três maneiras de adquirir conhecimento: pode-se raciocinar sobre o que deve necessariamente acontecer, pode-se generalizar a partir de padrões anteriores sobre o que provavelmente será ou pode-se fazer observações sobre o que é agora.

Imaginemos que Deus sabe o futuro pelo primeiro método: talvez Ele conheça as leis da natureza, então calcula quais leis regem o futuro e, assim, sabe o que você vai fazer amanhã. Isso se acomoda à onisciência Dele, claro - mas ao custo da sua liberdade! Porque se suas ações fossem geradas pelas leis da natureza desse modo necessário e previsível, dificilmente poderíamos dizer que você agiu livremente.

Suponha que Deus sabe o que vai acontecer amanhã pelo segundo método: Ele conhece seus gostos, preferências, hábito etc., e combina essa informação com a famosa precisão com que consegue fazer a previsão do tempo, Ele prevê o que você vai usar amanhã. Esse método preserva sua liberdade: apesar de que você pode tender a agir com base nos mesmos padrões, sempre está aberta a possibilidade de algo novo. O problema, por outro lado, é que esse método não é perfeitamente confiável, precisamente porque você é livre para não usar a roupa prevista, e, às vezes, não vai usá-la. E é certo que as previsões de um Deus onisciente não podem ser menos do que perfeitamente confiáveis!

Que tal o terceiro método, quer dizer, a observação? Só existe um problema: como Deus pode "observar", agora, um evento futuro? Só se pode observar o que existe, e o futuro não existe.

Então temos um *grande* problema. Deus pode saber o que você vai fazer amanhã, pelo método um. Ou você pode agir livremente enquanto Deus usa o método dois. Mas não podemos ter os dois: que Deus saiba o que você vai fazer *e* que você possa agir livremente.

CAPÍTULOS RELACIONADOS: 7, 10, 17, 23, 26, 34, 36, 38, 40, 53, 57, 59

44

Vou correr o risco

Se você é um ser humano (como deve ser), provavelmente raciocina sobre probabilidades, pelo menos subconscientemente, a todo segundo do dia. Sempre que entra no seu carro, acende um cigarro, dá um passo ou rouba uma loja, está levando em conta as probabilidades em relação a batidas, câncer, buracos ou a morte num tiroteio.

Mas do que exatamente estamos tratando quando falamos que as coisas são "prováveis" em vários graus? Quando falamos (por exemplo) que "existe 50% de probabilidade de que esta moeda caia do lado cara"?

Queremos dizer que, se jogarmos duas vezes, ela vai cair uma vez coroa e outra cara? Certamente não. Moedas "honestas" – com uma probabilidade de que 50% caiam do lado de cara – podem terminar saindo coroa duas vezes seguidas.

Quer dizer que se jogarmos a moeda cem vezes, ela vai terminar saindo cara precisamente 50 vezes? Mais uma vez, não, porque uma moeda poderia com perfeição cair em uma proporção 51-49, ou 55-45, ou, pior, cem vezes da mesma forma.

Queremos dizer que ela vai *provavelmente* cair 50 vezes (de cada cem) do lado da cara? Talvez, mas isso não responderia a nossa pergunta original – porque se não sabemos o que significa dizer que algo é 50% provável, não saberíamos o que significa dizer que vai "provavelmente" cair 50 vezes do lado cara.

Estamos dizendo que, se jogássemos a moeda um número infinito de vezes, a quantidade de vezes que sai cara seria igual à que sai coroa? Um problema aqui é que sempre que o número de caras se igualasse ao número de coroas, a próxima jogada perturbaria a proporção – então haveria muitos pontos nos quais eles não seriam iguais. Mas isso não afastaria nossa afirmação de que existe uma probabilidade de 50%.

Podemos pensar em probabilidades o tempo todo. Mas quando *realmente* pensamos nelas, nem sabemos o que queremos dizer com isso. O que não é nada bom.

Provavelmente.

Capítulos relacionados: 11, 27

45

Papai-Noel e Scrooge

Algumas pessoas, procurando um modelo de inspiração, se voltam para a religião e se perguntam: "O que Jesus faria?". Mas acho que o próprio Jesus não perguntaria isso. Então que tal outro modelo: Papai-Noel?

Bom, generosidade é algo bom; não estou questionando isso. Mas nunca descobrimos por que o Papai-Noel dá presentes, e não podemos avaliá-lo moralmente sem saber seus motivos. De acordo com alguns, na verdadeira fonte histórica da lenda, Papai-Noel só dava presentes aos pobres. Isso é admirável, mas há uma longa distância entre isso e recompensar cada moleque mal-educado do planeta, incluindo os ricos. Em relação ao Papai-Noel de hoje – que recompensa aqueles que se comportam bem e pune os que fizeram coisas erradas –, bem, se as crianças se comportam bem só para ganhar o mais recente videogame, então não estamos ensinando nada sobre a verdadeira moral. E se o Papai-Noel é o principal meio aqui, pior para ele.

Certo, vamos dar o benefício da dúvida ao bom velhinho. Vamos supor que simplesmente aceitamos que

Papai-Noel dá presentes por pura e natural generosidade. Isso o transformaria num modelo ideal?

Talvez. Mas existe outra possibilidade. Pensemos no famoso personagem Scrooge, de Charles Dickens. Ele não é exatamente uma pessoa generosa. É, bem, um verdadeiro mão de vaca. Mas vamos alterar os detalhes da história um pouco. No final de sua experiência, ele continua tendo o mesmo caráter básico: mal-humorado, desagradável e decididamente antigeneroso, mas agora o filósofo dentro dele chegou à conclusão de que ser generoso é uma virtude boa e admirável. Ao contrário do Papai-Noel, ele não se *sente* generoso e precisa superar algo dentro dele para poder ser. Mas ele faz isso porque agora é guiado pelo que é certo, em vez de pelo que sente.

Assim, agora, quem é mais admirável: a pessoa generosa que dá presentes de forma fácil e natural, ou a pessoa que precisa superar até sua própria antipatia para poder agir de forma generosa?

Eu me pergunto o que Papai-Noel e Scrooge falariam.

CAPÍTULOS RELACIONADOS: 5, 12

46

Cooperar na não cooperação

Pense no seguinte cenário. Você se organizou para fazer uma compra secreta. Vai deixar algum dinheiro em uma pequena sacola no lugar indicado, enquanto a outra pessoa vai deixar a mercadoria numa sacola em outro lugar indicado. Obviamente os dois encaram algum risco: o outro poderia deixar uma sacola vazia e, apesar de os dois ficarem bastante satisfeitos se o outro cooperar, cada um ficaria ainda melhor se o outro cooperasse enquanto você o engana – porque aí você conseguiria a mercadoria de graça enquanto ele conseguiria o dinheiro sem precisar dar a mercadoria. Se você está tentando maximizar seus próprios ganhos, a pergunta é essa: deveria cooperar ou deveria enganar?

Bom, a pessoa racional (aparentemente) poderia pensar o seguinte. Só existem duas opções: ou a outra pessoa, o vendedor, vai deixar a mercadoria ou não vai. Se o vendedor deixar a mercadoria, então seria melhor não deixar o dinheiro, pois aí você receberia algo por nada. Mas se o vendedor não deixa a mercadoria, também seria melhor não deixar o dinheiro, porque você *evitaria* não conseguir nada por algo. De qualquer maneira é melhor enganar.

Mas, enquanto isso, claro, o vendedor também está pensando nessas coisas. Da perspectiva dele, só há duas opções: você, o comprador, ou vai deixar o dinheiro ou não. Se deixar o dinheiro então é melhor não deixar a mercadoria, porque assim ele ganhará dinheiro em troca de nada. Mas se você não deixar o dinheiro, também é melhor não deixar a mercadoria, porque assim ele evita não ganhar nada em troca de dar algo. De todas as formas, *ele* também está enganando melhor.

Assim, duas pessoas racionais acabaram de decidir que é melhor enganar o outro, resultando nos dois deixando (e assim encontrando) sacolas vazias nos locais indicados, recebendo nada em troca de nada – quando, claramente, seria melhor se eles tivessem cooperado e conseguido algo em troca de algo, que era o objetivo original.

Talvez não devêssemos ser tão racionais o tempo todo.

Capítulos relacionados: 11, 14

▪47

Metáforas legais

Nossa linguagem está até a boca de metáforas. Estamos sempre falando (por exemplo) da boca de um rio, uma sobremesa rica ou de estar cheio até a boca. É difícil, como vimos, entender o sentido literal das palavras como nomes próprios; mas os problemas só ficam maiores quando nos voltamos aos significados das metáforas.

Quais significados, exatamente, expressam uma metáfora?

Uma ideia plausível poderia ser esta: uma metáfora é uma comparação abreviada, assim o significado metafórico de uma expressão seria capturada por uma sentença afirmando literalmente a comparação explícita. Por exemplo, dizer "Meu ex é uma pedra de gelo", é dizer algo cujo sentido metafórico poderia ser expresso por "Meu ex é *como* uma pedra de gelo". A sentença original, portanto, possui dois significados: um literal, que é falso ("Meu ex *é* uma pedra de gelo"), e um metafórico (expresso por "Meu ex é *como* uma pedra de gelo"), que pode ser verdade.

E, mesmo assim, essa teoria não funciona bem.

Porque ainda não atacamos o sentido da metáfora, na verdade. Quando alguém diz "Meu ex é uma pedra de gelo", o que significa, por meio da nossa teoria, que seu ex é como uma pedra de gelo. Mas em que sentido? Talvez por ser duro e frio, mas claro que seu ex não é *literalmente* duro e frio (assumindo que ele esteja vivo!). Ainda temos algumas metáforas aí para entender, então novamente devemos traduzir essas metáforas em algo como: "Meu ex é *como* coisas duras e frias". Outra vez, de que maneira? Talvez por ser cabeça-dura e pouco emocional. Mas não há nenhum sentido em falar que uma pedra de gelo é *literalmente* "cabeça-dura" e "pouco emocional", assim como a maioria dos objetos inanimados. E se for assim, não temos nenhuma explicação real sobre por que alguém diz "Meu ex é uma pedra de gelo" em vez de dizer, por exemplo, "Meu ex é a narina esquerda de Barack Obama" – porque seu ex não é nem de perto *literalmente* como o gelo ou a narina. O que significa que não conseguimos entender a metáfora original.

Metáforas, ao que parece, são bastante impenetráveis.

Mais ou menos como pedras de gelo.

CAPÍTULOS RELACIONADOS: 6, 15, 25, 35

48

"Entra por um ouvido e sai por outro"

... diz minha esposa brava quando, mais uma vez, eu esqueci algum glorioso detalhe sobre o dia dela. Sua hipótese baseada no senso comum aqui é que as atividades mentais – como memória ou, de modo mais geral, os pensamentos – ocorrem "na cabeça". Então, se ele não fica na cabeça, não fica na mente.

É demais para o senso comum.

O que é um pensamento? É uma atividade mental que é sempre "sobre" algo: política, átomos ou, no meu caso, sobre acalmar minha esposa. Se você e eu estamos pensando a mesma coisa, temos o mesmo pensamento; se for sobre coisas diferentes, portanto serão pensamentos diferentes. E se os pensamentos estão na cabeça, então – como o cérebro é o que está na cabeça – duas pessoas com seus cérebros em estados idênticos estariam tendo o mesmo pensamento.

Mas agora imagine que há outro planeta exatamente como a Terra. Mesmo tamanho, mesma forma, na verdade uma duplicação exata de todas as moléculas da Terra. Até *você* tem um duplo, um gêmeo! Só há uma única diferença: o que existe em seus lagos e cai de suas nuvens não é H_2O, o que chamamos "água", mas algum outro componente químico (XYZ) que meramente lembra H_2O. Ninguém poderia notar a diferença: XYZ parece e tem o gosto de água, e eles até chamam aquilo de "água"! Mas não *é* água porque água é H_2O e aquilo é XYZ.

Agora você está vendo um copo de água na Terra. Seu gêmeo está olhando um copo de XYZ na Terra gêmea. Você pensa: "Hummm, água". Seu gêmeo pensa: "Hummm, água". Você está pensando em água. Mas apesar de seu gêmeo ter usado a palavra "água", *o pensamento dele não é sobre água*. É sobre a coisa no copo dele, que é XYZ – e XYZ não é água.

Mas aí você e seu gêmeo estão pensando em coisas diferentes. Estão tendo pensamentos diferentes, como notamos anteriormente, apesar das mesmas palavras. Mas como duplo molecular, seus cérebros estão no mesmo estado. Se os pensamentos estivessem na cabeça, a mesma atividade cerebral (que é tudo que está na cabeça) levaria aos mesmos pensamentos. Vocês dois têm a mesma atividade cerebral e mesmo assim produzem pensamentos diferentes.

Então os pensamentos não estão, afinal, na cabeça – por mais estranho que isso possa parecer.

O dia da minha esposa na verdade não entra por um ouvido e sai por outro, afinal. Nunca entra, na verdade.

CAPÍTULOS RELACIONADOS: 4, 19, 42, 52

49

A sorte do acaso

"A vida não é justa", reclamam muitas pessoas – apesar de que normalmente só quando a injustiça é desvantajosa para elas. Uma olhada breve sobre isso rapidamente revela grandes disparidades em todos os tipos de "bens": saúde, riqueza, poder, *status*, e assim por diante. E há, na verdade, muitos casos em que indivíduos podem reclamar legitimamente de injustiça.

Mas há, talvez, menos injustiça no geral do que você poderia pensar.

Porque muitas disparidades podem ser traçadas até uma mais fundamental: a disparidade do nascimento. Algumas pessoas nascem com maior inteligência do que outras. Algumas nascem mais saudáveis; algumas nascem em países desenvolvidos, em famílias financeiramente estáveis e comunidades prósperas, ao passo que outras, não. Você (por exemplo) nasceu inteligente, bonito e com dinheiro, e eu só consigo tomar banho duas vezes por mês, com meus cinco irmãos, quando há dinheiro para pagar a conta de água. Que injusto!

É mesmo?

Imagine que você está em uma situação desesperada: onze pessoas em um bote salva-vidas que só suporta dez. Um de vocês deve ser sacrificado para que o resto possa sobreviver. Todo mundo quer sobreviver. Todo mundo merece sobreviver. Como você escolheria, da melhor maneira possível, a pessoa a ser sacrificada?

Você, sem dúvida, montaria algum tipo de loteria aleatória. Talvez jogando uma moeda; um torneio de *joquempô*; ou quem tirar o graveto menor. Se o seu for o menor, seria realmente terrível, um desastre e uma catástrofe, mas não seria injusto, porque algo aleatório, por definição, não pode ser injusto. O aleatório não tem inclinação nem preconceito; todo mundo possui uma oportunidade igual ou encara uma ameaça igual, antes de um genuíno processo aleatório.

A aleatória loteria do nascimento, que gera tanta disparidade, realmente pode ser terrível, um desastre, uma catástrofe. Para fazer que o mundo seja melhor, temos muitas razões para lutar contra isso e tentar corrigi-lo.

Mas não, necessariamente, porque seja injusto.

Capítulos relacionados: 5, 39

50

Às vezes você simplesmente não é você mesmo

Imagine que os cientistas aperfeiçoem o teletransporte. Você pisa em uma máquina que rapidamente escaneia todas as moléculas no seu corpo e cérebro, depois desmonta, já que não são mais necessárias. A máquina envia, então, a informação escaneada por rádio para seu destino. Ali, a máquina receptora reconstitui seu corpo/cérebro a partir de seu próprio reservatório de moléculas. E lá está você, no seu destino.

Da sua perspectiva, você entra na máquina em um lugar, depois instantaneamente se encontra em outro lugar: digamos que seja Marte. É verdade que seu corpo agora está composto de moléculas diferentes, mas hoje, como já vimos, as moléculas do seu corpo estão constantemente mudando. O que importa não é quais moléculas são, mas como estão organizadas, e elas estão organizadas como *você*. Na verdade, você se teletransporta diariamente para seu emprego em Marte e não é pior por isso.

Mas agora imagine que uma manhã, depois que você partiu da Terra, Ted, o técnico, se esqueceu de apagar a informação que acabou de escanear de você.

Quando ele ativa novamente a máquina, ela lê seu *scan* e reconstitui seu corpo/cérebro a partir das moléculas que tem guardado. Da sua perspectiva, claro, você se encontra a um piscar de olhos depois de entrar na máquina. Vê o rosto surpreso de Ted e diz: "Que tal apertar esse botão, companheiro?"

Mas espere – quem está falando tudo isso? Não é você: pois já está em Marte. Mas ao mesmo tempo *é* você. Poderíamos até imaginar que esse corpo acabou de ser constituído das mesmas moléculas desconstituídas de você um momento antes. Será que o cara em Marte é o impostor? Mas espere – se o cara teletransportado não é você, então teremos de dizer que você morreu há muito tempo, já que está sendo teletransportado diariamente desde que conseguiu o emprego em Marte. Portanto é melhor que seja você. Assim, quem está exigindo uma explicação de Ted não é você. A menos que seja?

Aí o monitor pisca com uma videochamada de Marte.

Seu rosto está na tela. "Ted, deixei minha..."

Fixa seus olhos. (Quero dizer os dele. Quero dizer os seus.)

"Quem é *você*?", os dois falam simultaneamente.

CAPÍTULOS RELACIONADOS: 8, 19, 22, 32, 41, 57

51

Muito barulho por nada

Há pouco tempo, astrônomos anunciaram que não descobriram absolutamente nada. Parece, veja bem, que há um enorme vazio com um bilhão de anos-luz cruzando algum lugar aí fora no espaço.

Isso é, na verdade, um monte de nada. E esse é o problema. Pois como pode existir um "monte" de algo a não ser que *seja* algo?

Para esclarecer, nada parece ser algo. Temos essa palavra para isso, afinal, que é um substantivo – e não é verdade que substantivos têm significados, porque estão relacionados a coisas? Se "nada" significa algo, então *é* melhor que nada seja algo.

Mas que tipo de coisa?

Não é como nós ou qualquer objeto físico, que são feitos de coisas menores do que átomos. Na verdade o puro espaço vazio não é composto de nada. É, de alguma maneira, uma coisa composta de nada.

As coisas também têm várias propriedades. Os olhos podem ser azuis; o sal dissolve na água; a água ferve a cem graus Celsius. Toda coisa física comum tem peso; as cadeiras suportam o peso. Mas o espaço não tem cor, não se dissolve ou ferve, não tem peso e não suporta nada. É, de alguma maneira, algo que não possui essas propriedades.

Mas ele possui algumas propriedades. Podemos dizer quanto nada existe, como fizeram os astrônomos. Podemos dizer quanto ele dura: aquele sofrido silêncio depois que você a pediu em casamento durou sete segundos (*não* foi uma eternidade). Podemos ser tocados emocionalmente pelo nada: quando o médico informa que não há nada no nosso abdome, afinal, ficamos aliviados. Nada até pode ser a causa de outra coisa. O pedestre que não fez nada (em vez de alertá-lo sobre a bicicleta que estava vindo) causou a colisão. Se o nada pode ter todas essas propriedades – tamanho, duração, até ser a causa de outra coisa – deve ser algo.

Um algo que é nada.

Preciso admitir que tudo isso é um pouco confuso. Mas pensar sobre o nada é muito mais difícil do que você poderia achar. E isso não é nada. É a falta do nada, que é realmente algo. Ou isso é tudo?

CAPÍTULOS RELACIONADOS: 8, 40

52

O olho do observador

Um amigo recentemente olhou desaprovadoramente para minha comida. "O que foi?", perguntei, "está deliciosa." "Não está, não", ele respondeu. Não continuei essa discussão porque isso significava mais comida para mim, mas também não continuei porque não há nada a argumentar aqui.

Por que não? Porque o gosto das coisas, como outras coisas que vimos, é relativo. Se dois objetos têm a mesma cor; se um ambiente está frio ou quente; ou se alguém é lindo, tudo isso varia entre os observadores, e não podemos dizer que a percepção de alguém esteja correta e que a do outro não está. As características percebidas aqui são subjetivas: não no objeto, mas na mente do observador. Beleza, como se diz, está no olho do observador.

Mas agora considere até mesmo a forma e o tamanho de um objeto. A moeda na sua mão parece redonda, mas, de outro ângulo, parecerá oval. De longe, você a verá como pequena, ao passo que, de perto, parecerá grande. Em todos esses casos, certa qualidade varia entre os atos de percepção, ao passo que o objeto em si não mudará: é a mesma moeda se parecer redonda ou oval, pequena ou grande, mas se a qualidade percebida varia enquanto o objeto em si fica igual, então a qualidade percebida não pode ser o objeto. Assim, o que você percebe com respeito ao tamanho e forma também é subjetivo, quer dizer, uma sensação dentro da sua mente. Mas a coisa não para aqui.

O que percebemos são cores, gostos, tamanhos, formas, e objetos não são nada mais do que coleções de cores, gostos, tamanhos e formas. Se esses últimos são apenas sensações nos observadores, então *os objetos são apenas isso.* Ou, para colocar de uma maneira mais direta: não só as coisas que percebemos são sensações na nossa mente.

É que as sensações mentais estão todas ali.

Assim, não existe nenhum objeto físico realmente, existem apenas mentes e suas sensações. Não é só que a beleza está nos olhos de quem observa, pois até o globo ocular do observador está no olho do observador.

CAPÍTULOS RELACIONADOS: 3, 4, 8, 9, 16, 30, 42, 48, 56

53

Você vai aceitar este argumento ou não

Bem. Você não precisa ser um filósofo para ver que *essa* declaração está certa. Afinal, só existem essas duas opções aqui: sim ou não. Então, ou você concorda ou discorda.

E isso é tudo que você precisa saber para entender que não tem livre-arbítrio.

Vejamos, qualquer ação sua possível, como usar um colete azul com listras amanhã. Como antes, ou você usa ou não usa esse colete. Nenhum de nós pode saber agora o que vai acontecer – talvez devamos esperar para ver como você vai se sentir amanhã de manhã, mas sabemos que uma das opções vai ocorrer.

Suponha que é a primeira: é verdade que você vai usar aquele colete amanhã. Se for verdade agora que você vai usá-lo, não há nada que você possa fazer para *não* usá-lo, porque se você pudesse decidir não usar, então *não* seria verdade que você *vai* usar, ao contrário da nossa suposição. Assim, se a primeira opção é correta, não há nada que se possa fazer com relação a isso: você vai usar aquele colete.

Agora, suponha que seja a segunda opção: é verdade que você *não* vai usar o colete. Mas se é verdade que você *não* vai usar o colete, não há nada que você possa fazer *para* usá-lo, porque, se *pudesse* usá-lo, *não* seria verdade agora que você não vai usá-lo, ao contrário das nossas suposições. Se a segunda opção é correta, não há nada que você possa fazer com relação a isso: você não vai usar o colete.

Portanto, a resposta é não, não podemos saber agora qual opção acontecerá. Mas sabemos que uma delas vai ser e, independentemente de qual for, não havia nada que você pudesse fazer a respeito disso. Então, o que for, não terá sido uma livre escolha sua.

E, é claro, o mesmo se aplica a *qualquer* ação possível. Pois ou você vai ou não vai se casar com aquela pessoa; ou vai ou não vai comer a sobremesa; e ou vai ou não vai errar feio na roupa que escolher amanhã.

E é verdade agora, resumindo, que você não tem opções reais sobre qualquer coisa que fizer.

CAPÍTULOS RELACIONADOS: 10, 23, 34, 43

54

Plugar ou não plugar

Não existe nada mais importante, para muitas pessoas, do que descobrir o que é importante.

E como já vimos, podemos montar um bom caso sobre o fato de que nada importa mais, que não valorizamos mais do que a felicidade. Queremos várias coisas pelo bem da felicidade que nos traz, mas a felicidade queremos por si só. A vida moral genuína, correspondentemente, seria a voltada para trazer a maior quantidade de felicidade à maioria das pessoas.

Exceto por um problema.

Imagine que há uma máquina que poderia criar qualquer experiência que você deseja. Quando você a pluga em seu cérebro, ele é estimulado para poder sentir qualquer experiência que o faça feliz: sentir o deleite de uma praia quente, as sensações de uma ótima massagem ou, para os esportistas, a experiência de uma vigorosa e longa corrida de bicicleta. Ou talvez você tenha gostos mais elevados, então o que o deixaria feliz seriam as experiências de ter uma boa conversa com um amigo, ou entender os últimos avanços na física, talvez até ganhar o Prêmio Nobel. Ou talvez você seja, bem, um pouco diferente, e seria mais feliz experimentando algum sofrimento. *Qualquer* experiência que quiser, você só precisa se plugar e a máquina pode criar.

Você se plugaria nessa máquina – não meramente por uns poucos minutos, mas, digamos, pelo resto da sua vida?

A maioria das pessoas, quando perguntamos, estaria inclinada a dizer não. O que nos importa, parece, não é apenas ter certas experiências, mas na verdade *fazer* várias coisas. Queremos realmente fazer aquele passeio de bicicleta, não só ter a experiência sensorial. Queremos realmente ganhar o Prêmio Nobel, não só ter a experiência de ganhar – mesmo se, enquanto estivéssemos na máquina, nunca saberíamos que não era real. Não são somente as experiências que importam: é algo mais.

Portanto, a felicidade não deve ser o que fundamentalmente valorizamos, porque, se fosse, todos iriam querer se plugar na máquina que pode nos dar todas as formas de felicidade que procuramos.

Mas não nos plugaríamos.

Então há algo mais.

Capítulos relacionados: 5, 12, 20, 29, 39, 58

55

Tudo é inglês para mim

Eu recentemente aprendi que a expressão "Isso parece grego para mim" vem dos filósofos medievais, que lamentavam a incapacidade de ler textos antigos. Isso me fez perguntar o que dizem os *gregos*; que, por falar nisso, dizem "Isso é chinês para mim". Antes de investigar o que dizem os chineses, no entanto, percebi que tenho um problema pior com os recursos que poderia consultar: seria tudo inglês para mim. E não entendo o que quer dizer entender inglês.

Para ver o porquê, imagine um homem trancado em uma sala. Pedaços de papel com estranhas marcas entram por um buraco na porta; o homem consulta um livro de regras que ele tem (em inglês) e depois faz algumas novas marcas para voltar a colocar o papel no buraco. O processo se repete. Ele não entende essas marcas; ele só segue mecanicamente as regras, combinando marcas de entrada com marcas de saída. Sem que ele saiba, as marcas são caracteres chineses. As pessoas do lado de fora são chineses nativos que acreditam que estão conversando com outro chinês nativo lá dentro.

O interessante é que os computadores são parecidos com o homem na sala: são aparelhos puramente mecânicos que operam com entradas elétricas para produzir saídas elétricas, tudo de acordo com um programa que seguem mecanicamente. Assim como o homem com seu livro de regras *simula* perfeitamente uma conversa comum, também faria um computador programado de acordo, mas assim como o homem não entende, na verdade, nada de chinês, o computador também não entende o que está fazendo, pois ele, no máximo, simula a mentalidade, mas não pode possuí-la literalmente.

Esse argumento levanta uma questão difícil. Ele supõe que existe algo mais no "compreender" verdadeiramente uma linguagem do que simplesmente ser capaz de produzir saídas apropriadas de acordo com várias entradas. Afinal, o homem e o computador podem realizar a saída sem entender a entrada. Porém, *o que* mais existe? Quando *você* ouve certos sons em português, sabe quais outros sons são apropriados para produzir como resposta. Você "realmente entende" português, então, o que exatamente existe para "entender" *além* da capacidade de emitir respostas apropriadas?

É por isso que parece tudo urdu para mim.

Capítulos relacionados: 4, 6, 24

56

Tem... algo... lá... fora

Você conhece esses desenhos ambíguos – por exemplo, aquele que, de um modo, parece uma jovem e, de outro, parece uma velha? Digamos que é tentador imaginar qual é a figura *verdadeira*, mas, claro, a resposta é nenhuma das duas, ou ambas: depende como você, o observador, a vê.

Mas também depende todo o resto.

Compare a diferença entre ouvir um idioma que você entende e outro que não entende. Quando você ouve português, ouve palavras ou talvez até significados; quando ouve urdu, só ouve sons. Mas a diferença não está nos seus ouvidos, mas sim na sua mente, que pode interpretar os primeiros sons, mas não os segundos.

Da mesma maneira, meu gato vai olhar para meu computador e não verá um computador. Quando ele se espalha sobre minha mesa, não vê nem os papéis importantes que está empurrando para a ponta, nem minha irritação quando eu *o* empurro para a ponta da mesa. O problema não é que ele seja cego. O problema é que não possui esses conceitos relevantes: computador, papéis etc. No máximo, o que vê é algo como um padrão de luzes e cores. Sua mente limitada não consegue interpretar esses padrões como nós, que temos esses conceitos.

Na verdade, nós não conseguimos apreciar quanto trabalho nossas mentes fazem para construir nossa experiência do mundo. O mundo "objetivo" supostamente consiste em objetos físicos estáveis, que possuem propriedades "em si", independentemente da percepção que os outros tenham deles. Mas sua experiência sensorial na verdade não fornece nada disso! O que os seus olhos "veem", estritamente falando, é esta vasta flutuação de padrões de luzes e cores. É a sua mente, aplicando seus conceitos, que interpreta esses padrões – que parecem *com* mesa de jantar, uma banana no chão e as meias sujas das crianças.

Não estou dizendo que não existe um mundo fora das nossas mentes. Existe; mas o que esse mundo *é*, os precisos objetos que ele contém, em algum sentido "depende de nós", de como nós, com quaisquer conceitos que possamos ter, interpretamos nossas sensações. Assim como "o que" você vê quando olha para uma imagem ambígua depende de como a olha, também, em outras palavras, acontece quando vê outras coisas em outros lugares. Há, na verdade, *algo* lá fora – mas *o que* é, exatamente, depende de quem está observando.

Capítulos relacionados: 3, 4, 11, 30, 31, 33, 42, 52, 57

57

O que a experiência não pode ensinar

Com certeza, muito do que aprendemos sobre o mundo se dá por meio da experiência sensorial. Isso pode tentá-lo a pensar que no nascimento nossa mente como uma lousa em branco: vazia de conteúdo, esperando para ser preenchida pelas experiências. Mas enquanto nosso corpo está realmente nu ao nascermos, nossa mente não está: chegamos a este mundo com um saudável estoque de ideias inatas.

A prova é o fato de que quando adultos somos possuídos por ideias de que a experiência sensorial em si simplesmente não poderia nos fornecer.

Há conceitos morais, por exemplo, como "certo" e "errado". Como vimos, nossos sentidos não estão simplesmente equipados para detectar esse tipo de coisa: nossos olhos só veem luz e cor, não "certo" e "errado".

Há conceitos matemáticos. Não estamos falando dos avançados; até mesmo os acessíveis, como os números, devem ser inatos. Porque, apesar de podermos ver três laranjas ou três árvores, nunca literalmente vemos o número três *propriamente dito.* Na verdade, como já notamos, os números parecem ser conceitos em nossa mente que aplicamos *ao* que vemos, não conceitos que tiramos *do* que vemos.

Da mesma maneira, temos o conceito de "ego", de nós mesmos, mas nossos sentidos não conseguem nos mostrar nada assim. Certamente não percebemos isso com nossos olhos, ouvidos ou nariz. No melhor dos casos, "refletimos" e "olhamos para dentro" a fim de descobri-lo. Mas mesmo essa reflexão não resolve: todos nós estamos conscientes, na verdade, de um fluxo de pensamentos, percepções, memórias em incessante transformação, e por aí vai. Nunca estamos conscientes da pessoa ou do ego que *tem* estes pensamentos e percepções; ou seja, quem na verdade está refletindo sobre eles.

E, finalmente, há a ideia de Deus. Você pode não acreditar na existência de Deus, mas ainda possui o conceito, quer dizer, o de um ser infinito. Mas o conceito de infinidade certamente não vem da experiência sensorial, porque tudo que experimentamos é finito.

A experiência, então, pode nos dar muitas coisas. Mas não nos dá o que já temos dentro de nós – incluindo o infinito.

Capítulos relacionados: 4, 5, 7, 11, 17, 22, 31, 56

58

A intolerância é uma virtude

A tolerância é uma virtude, pelo menos é o que pensam muitos. Claro que essas pessoas têm motivos nobres: sociedades diferentes possuem morais diferentes, elas dizem, e não deveríamos assumir de maneira arrogante que a nossa moral é a correta, portanto, "vamos ser tolerantes com as diferenças". Mas esse tipo de tolerância universal realmente não faz sentido. Se você acredita que certa prática é moralmente errada, então não *deveria* tolerá-la, porque seria aprová-la. E se você acredita que a prática é moralmente aceitável, não está "tolerando", está concordando! Assim, se você realmente acha que uma prática está errada, deveria pensar que está errada para *todos*.

Suponhamos que você fosse um professor e aplicasse testes idênticos a duas turmas de séries diferentes. Os estudantes ficariam escandalizados. Por quê? Porque você estaria concedendo uma diferença no "valor" – uma série diferente – onde não havia nenhuma diferença subjacente nos "fatos" – aqui, respostas – para justificá-la. E isso está claramente errado.

Mas aqueles nobres tolerantes estão fazendo a mesma coisa. Os ocidentais condenam (por exemplo) "a mutilação genital feminina", ao passo que vários outros consideram isso uma obrigação moral. Um tolerante – que acredita que não "tolerar" os outros está errado – está, na verdade, criando uma diferença "no valor": aquela prática é errada para "nós", mas aceitável "para eles". Mas agora, quais são as diferenças relevantes nos fatos entre os dois casos para justificar a criação desses valores diferentes? Não há nenhuma.

É verdade que diferentes sociedades possuem diferentes crenças com relação à moral, mas pensemos que alguém acredita que sexo entre um adulto e uma criança seja moralmente aceitável. Não importa quão nobres tolerantes possamos ser, não toleraríamos essa pessoa. Por quê? Simplesmente porque sua *crença* de que sexo com crianças é aceitável não faz com que seja, nem seria se este homem tivesse uma dúzia de amigos que compartilhassem sua crença, ou mesmo algumas centenas ou milhares, ou toda a sociedade. A legitimidade moral não pode ser encontrada em números.

Se você acredita que uma prática está errada, então tenha a coragem de defender suas convicções: é errado para todos.

Você não deveria tolerar os tolerantes.

Capítulos relacionados: 5, 29

59

O MELHOR DE TODOS OS MUNDOS POSSÍVEIS

Existe uma piada filosófica: o otimista diz: "Este é o melhor de todos os mundos possíveis". E o pessimista concorda.

Claro, por esse padrão, a maioria das pessoas não é nem otimista, nem pessimista, já que parece óbvio que esse mundo *não* é o melhor possível. É só pegar alguma coisinha ruim - como essa piada - e imaginá-la substituída por outra piada melhor. Não seria um mundo melhor, mesmo com uma mudança pequena? E se um mundo melhor fosse possível, então nosso mundo real não seria o *melhor* possível.

Agora pense que um Deus todo-poderoso, sábio e bondoso criasse o melhor de todos os mundos possíveis. Se nosso mundo atual não é o melhor possível, então Deus não deve existir. Aquela piada ruim prova, portanto, que Deus não existe!

Ou existe?

Esse raciocínio supõe que estamos em uma posição para julgar o valor geral do mundo. Por exemplo, imaginamos que podemos pensar em mundos "melhores" eliminando fatos desagradáveis do mundo real. Mas não é tão simples. Substitua aquela piada ruim por uma melhor; você riria por alguns segundos, em vez de grunhir por um só. Certo, mas aí você sairia de casa mais tarde e talvez tivesse um acidente fatal que teria evitado se tivesse saído na hora certa. Dessa maneira, a cura para o câncer que você produziria daqui a dez anos nunca será encontrada. Não sabemos, não há como saber.

Mas não precisamos saber. Até onde nos concerne, este mundo é, no geral, tão bom quanto qualquer outro. Até onde sabemos, qualquer outro mundo seria, na verdade, pior. Então, não sabemos se este *é* o melhor dos mundos possíveis – mesmo assim não podemos saber se não é. Se não podemos saber que *não é,* então a existência deste mundo – as coisas más, as piadas ruins etc. – não podem rebater a existência de Deus.

Pode ser um pequeno consolo reconhecer que Deus poderia existir *apesar* de todo o mal, mas mesmo um pequeno consolo não deixa de ser um consolo.

CAPÍTULOS RELACIONADOS: 5, 7, 17, 26, 36, 43, 57

60

Este não é o fim

Muitas coisas nunca terminam. Espaço. Tempo. Números. As perguntas que fazem as crianças.

E a filosofia.

Você tenta convencer alguém – ou a si mesmo – de algo oferecendo razões para acreditar naquilo. Mas sua crença só é válida de acordo com suas razões, então apresenta razões para aceitar suas razões. Mas essas razões precisam de razões *mais profundas*, e aí você desiste. Como resultado, parece com frequência que não existe nenhuma resposta às questões filosóficas: há somente mais argumentos, mais objeções, mais respostas. E pode facilmente parecer que nem vale a pena começar. Por que se importar? Você nunca vai terminar. Dá na mesma tentar contar todos os números.

Mas existe outra maneira de pensar nisso.

Mergulhei pela primeira vez há pouco tempo. Foi uma experiência incrível. Existe todo um mundo debaixo da água que eu não conhecia. Esse mundo está povoado com incontáveis criaturas, com todos os tipos de relações complexas naquele ecossistema emaranhado. Na verdade, cada coisa está conectada a todas as outras:

este é comida do outro, que expele compostos químicos usados pelo outro, que expele produtos usados por outros, e por aí vai. Incrível, fascinante e absoluto, profundamente lindo. Esteve ali o tempo todo, só esperando que eu mergulhasse.

Se você me contasse agora que aquele oceano vai existir para sempre, cheio de criaturas mais incríveis em relacionamentos mais impressionantes – eu não diria: "Bem, então, para que vou perder tempo entrando aí?". Em vez disso, diria: "Onde posso conseguir um traje de mergulho?".

Assim é a filosofia. Está cheia de incontáveis ideias, conceitos e seres incríveis, que existem em todos os tipos de relacionamentos lógicos complexos uns com os outros. E, ao contrário do oceano real, este *é* infinitamente profundo: por onde você entrar é possível continuar sem parar. O que você deveria pensar, não é: "Por que entrar?". Na verdade, é: obrigado, muito obrigado.

Mas, claro, este mundo é só *este* mundo, dentro do qual você está. Vai descobrir que já está neste grande oceano o que pode estar procurando. Só precisa começar a pensar nele. A primeira gota naquele balde é uma onda até o infinito.

Este é o começo.

Capítulo relacionado: 1

■ REFERÊNCIAS BIBLIOGRÁFICAS

Capítulo 3

DESCARTES, René. Meditação um. In: ______. *Meditações sobre filosofia primeira.* Campinas: Unicamp, 2004.

Capítulo 7

DAVIES, Paul. *A mente de Deus*. Rio de Janeiro: Ediouro, 1994, cap. 8.

Capítulo 9

HARDIN, C. L. Color and illusion. In: LYCAN, William (ed.). *Mind and cognition: a reader*. Cambridge: Blackwell, 1990, p. 555-67.

Capítulo 12

MILL, John Stuart. Utilitarismo. In: ______. *Sobre a liberdade*. São Paulo: Hedra, 2010.

Capítulo 13

DAVIDSON, Donald. Mental events. In: FOSTER, L.; SWANSON, J. (eds.). *Experience and theory*. Humanities Press, 1970, p. 79-101. Publicado em: CHALMERS, David J. (ed.).

Philosophy of mind: classical and contemporary readings. Oxford: Oxford University Press, 2002.

KIM, Jaegwon. Mental causation. In: ______. *Philosophy of mind*. Boulder: Westview Press, 1996. cap. 6.

Capítulo 14

NOZICK, Robert. Newcomb's problem and two principles of choice. In: RESCHER, Nicholas (ed.). *Essays in honor of Carl G. Hempel*. Dordrecht: D. Reidel, 1969, p. 115.

Capítulo 15

MILL, J. S. *A system of logic*. Nova York: Harper & Brothers, 1874. Livro I, capítulo II, seção 5: Of names. In: MARTINICH, A. P. *The philosophy of language*, 4. ed. Oxford: Oxford University Press, 2001.

FREGE, Gottlob. On sense and nominatum. Trad. Herbert Feigl, In: MARTINICH, A. P. *The philosophy of language*, 4. ed. Oxford: Oxford University Press, 2001.

Capítulo 16

LOCKE, John. Essay concerning human understanding. Livro II, capítulo VIII. 21. In: ARIEW, Roger; WATKINS, Eric (eds.). *Modern philosophy: an anthology of primary sources*. Indianápolis: Hackett Publishing Company, 1998.

Capítulo 17

AQUINO, Tomás de. *Summa theologica*, p. 1, Q. 25, 3º artigo: Whether God is omnipotent. Trad. Fathers of the English Domincan Province. Allen: Christian Classics, 1981.

Capítulo 18

RUSSELL, Bertrand. On the notion of cause. *Proceedings of the Aristotelian Society*, n. 13, 1912-13. In: SLATER, John

G. (ed.). *Bertrand Russell: logical and philosophical papers 1909-1913*. London: Routledge, 1992.

Capítulo 19

JACKSON, Frank. Epiphenomenal qualia, *Philosophical Quarterly*, n. 32, 1982, p. 127-36. In: CHALMERS, David J. (ed.). *Philosophy of mind: classical and contemporary readings*. Oxford: Oxford University Press, 2002.

LUDLOW, Peter; NAGASAWA, Yujin; STOLJAR, Daniel (eds.). *There's something about Mary: essays on phenomenal consciousness and Frank Jackson's knowledge argument*. Cambridge: MIT Press, 2004.

Capítulo 20

THOMSON, Judith Jarvis. The trolley problem. In: *The Yale Law Journal*, v. 94, n. 6, maio, 1985, p. 1395-415.

Capítulo 23

FRANKFURT, Harry G. Alternate possibilities and moral responsibility. In: *The Journal of Philosophy*, v. 66, n. 23, 4 de dezembro de 1969, 829-39.

Capítulo 24

TURING, A. M. Computing machinery and intelligence. *Mind*, LIX, 236, 1950. In: HOFSTADTER, Douglas R.; DENNETT, Daniel C. (eds.). *The mind's I: fantasies and reflections on self and soul*. Toronto: Bantam Books, 1981.

HOFSTADTER, Douglas R. A coffeehouse conversation on the Turing test to determine if a machine can think. *Scientific American*, maio 1981, p. 15-36. In: HOFSTADTER, Douglas R.; DENNETT, Daniel C. (eds.). *The mind's I: fantasies and reflections on self and soul*. Toronto: Bantam Books, 1981.

Capítulo 26

PLATÃO, Euthyphro. In: COOPER, John M. (ed.). *Plato: complete works*. Indianápolis: Hackett Publishing Company, 1997.

Capítulo 27

HEMPEL, Carl G. Studies in the logic of confirmation. *Mind*, n. 54, 1945, p. 1-26, 97-121. In: ______. *Aspects of scientific explanation and other essays in the philosophy of science*. Nova York: The Free Press, 1965.

Capítulo 30

DESCARTES, René. Meditação Um. In: ______. *Meditações sobre filosofia primeira*. Campinas: Unicamp, 2004.

Capítulo 32

ARMSTRONG, D. M. *Universals: an opinionated introduction*. Boulder: Westview Press, 1989.

Capítulo 33

BERKELEY, George. Primeiro Diálogo. In: ______. *Três diálogos entre Hylas e Philonous*. São Paulo: Ícone Editora, 2005.

Capítulo 34

TAYLOR, Richard. Fate. In: ______. *Metaphysics*, 4. ed. Nova Jersey: Prentice Hall, 1963/1992. cap. 6.

Capítulo 35

SEARLE, John. Proper namen. s. *Mind*, 67, 1958, p. 166-73. In: MARTINICH, A. P., *The philosophy of language*, 3. ed. Oxford: Oxford University Press, 1996.

Capítulo 36

DESCARTES, René. Meditação Três. In: ______. *Meditações sobre filosofia primeira.* Campinas: Unicamp, 2004.

Capítulo 37

HUME, David. *Investigações sobre o entendimento humano.* Seção IV. São Paulo: Unesp, 2004.

Capítulo 38

HUME, David. *Investigações sobre o entendimento humano.* Seção IV. São Paulo: Unesp, 2004.

Capítulo 40

SANTO AGOSTINHO. *Confissões.* Livro 11. São Paulo: Martin Claret, 2002.

Capítulo 41

LEIBNIZ, G. W. Indiscernibility of identicals. Ver ALEXANDER, H. G. (ed.). *The Leibniz-Clarke Correspondence.* Manchester: Manchester University Press, 1956, livro. IV, p. 3-6.

Capítulo 46

HOFSTADTER, Douglas. The prisoner's dilemma and the evolution of cooperation. *Metamagical themas: questing for the es sence of mind and pattern.* Nova York: Basic Books, 1985.

Capítulo 47

SEARLE, John. Metaphor. In: ORTONY, A. (ed.). *Metaphor and thought.* Cambridge: Cambridge University Press, 1979. Publicado em: SEARLKE, J. R. *Expression and meaning.* Cambridge: Cambridge University Press, 1979.

LYCAN, William. Metaphor. In: ______. *Philosophy of language: a contemporary introduction*. Londres: Routledge, 1999. cap 14.

Capítulo 48

PUTNAM, Hilary. The meaning of 'meaning'. In: GUNDERSON, Keith (ed.). *Language, mind, and knowledge*, Minnesota Studies in the Philosophy of Science, Minneapolis: University of Minnesota Press, vol. VII, p. 131-93.

PESSIN, Andrew ; GOLDBERG, Sanford (eds.). *The twin earth chronicles: twenty years of reflection on Hilary Putnam's The meaning of 'meaning'*. Armonk: M. E. Sharpe, 1996.

Capítulo 50

PARTFIT, Derek. What we believe ourselves to be. In: ______. *Reasons and persons*. Oxford: Oxford University Press, 1984. Cap. 10.

Capítulo 52

BERKELEY, George. *Three dialogues between Hylas and Philonous*, The first dialogue. In: ARIEW, Roger; WATKINS, Eric (eds.) *Modern philosophy: an anthology of primary sources*. Indianápolis: Hackett Publishing Company, 1998.

Capítulo 53

ARISTÓTELES. De interpretatione. In: ACKRILL, J. L. (ed.). *A new Aristotle reader*. Princeton: Princeton University Press, 1987. Cap. 9.

Capítulo 54

NOZICK, Robert. The experience machine. In: ______. *Anarchy, State & utopia*. Nova York: Basic Books, 1974. p. 42-5.

Capítulo 55

SEARLE, John. Minds, brains and programs. *Behavioral and brain sciences*, n. 3, 1980, p. 417-58. In: PERRY, John; BRATMAN, Michael (eds.). *Introduction to philosophy: classical and contemporary readings*, 3. ed. Oxford: Oxford University Press, 1999.

Capítulo 59

LEIBNIZ, G. W. *Theodicy: essays on the goodness of God and the freedom of man and the origin of evil.* Summary of the controversy reduced to formal arguments. In: FARRER, Austin (ed.). E. M. Huggard tradutor, *G. W. Leibniz: theodicy.* La Salle: Open Court, 1985.

Este livro foi composto em Minion Pro
corpo 11.5/15.5 para Texto Editores Ltda.
em agosto de 2012.